# 台湾南部垦丁探奇

高翠翠 周银平 ⊙ 编著

图文台湾

丛书主编 ⊙ 林仁川

海峡出版发行集团

福建教育出版社
THE STRAITS PUBLISHING & DISTRIBUTING GROUP

图书在版编目(CIP)数据

台湾南部垦丁探奇/高翠翠,周银平编著.—福州:福建教育出版社,2011.6(2012.3重印)
(图文台湾/林仁川主编)
ISBN 978-7-5334-5557-6

Ⅰ.①台… Ⅱ.①高…②周… Ⅲ.①公园－屏东县－青年读物②公园－屏东县－少年读物 Ⅳ.①K928.73-49

中国版本图书馆 CIP 数据核字(2011)第 094352 号

图文台湾

**台湾南部垦丁探奇**

主编:林仁川　编著:高翠翠　周银平

| 出版发行 | 海峡出版发行集团 |
|---|---|

福建教育出版社

(福州梦山路 27 号　邮编:350001　电话:0591-83733693　83706771
传真:83726980　网址:www.fep.com.cn)

| 出 版 人 | 黄　旭 |
|---|---|
| 发行热线 | 0591－83752790　87115073 |
| 印　　刷 | 福州华彩印务有限公司 |
| | (福州新店南平路鼓楼工业小区　邮编:350012) |
| 开　　本 | 720 毫米×1000 毫米　1/16 |
| 印　　张 | 7.75 |
| 插　　页 | 2 |
| 版　　次 | 2011 年 6 月第 1 版　2012 年 3 月第 2 次印刷 |
| 印　　数 | 2 601－12 650 |
| 书　　号 | ISBN 978-7-5334-5557-6 |
| 定　　价 | 20.00 元 |

如发现本书印装质量问题,影响阅读,
请向本社出版科(电话:0591－83726019)调换。

# 编 辑 说 明

　　台湾是祖国的宝岛。台湾物产丰富，风景优美，我们都知道那里有美丽的阿里山和日月潭，有热情好客的高山族同胞和丰盛的水果，但是，真正了解台湾的过去与现状的人，其实并不多。随着两岸文化、经济交流的日益活跃和深化，以及大陆对台旅游业的开放，大陆民众尤其是广大的青少年朋友，都迫切希望能够更多地认识台湾，了解台湾。福建与台湾仅一水相隔，有着地缘相近、血缘相亲、文缘相承、商缘相连、法缘相循的"五缘"优势，两地关系源远流长。作为海峡西岸的福建地方出版社，通过出版物，让对台湾只有一般概念的普通大众，能够真切地走近台湾，了解台湾，以此增进两岸民众的相互了解与理解，这是我们义不容辞的责任。基于这样的出发点，我们从 2006 年就开始策划这套"图文台湾"丛书，聘请了厦门大学台湾研究中心主任林仁川来担任主编，以使这套丛书做到真实性与可读性的完美结合。

　　"图文台湾"丛书是一套内容丰富、纵横兼顾、"文献有征"而细节具体生动又好读的书，丛书包含了台湾的历史、人文地理、文学、教育、经济、民间信仰、民俗、民系等内容，以平实而简洁的语言，配以珍贵的资料图片，让图文互相补充，把台湾的过去与现在的方方面面都清晰而生动地展现在你的面前：它将带你沿着台湾先民的足迹，察看宝岛台湾如何承袭祖国大陆的文明，一路曲折走来，走出与祖国大陆既相同又有差异的风貌；它还将带你穿越宝岛太鲁阁等美丽而险峻的自然生态景观，漫游板桥林家花园等古色古香的园林，品味传承与变迁的台湾"中华料理"和独特的原住民饮食，领略异彩纷呈、兼容并蓄的台湾文化和民俗生活；同时，它还会告诉你从台中大甲镇——一个小镇走出的世界品牌"捷安特（GIANT）"三十年发展的故事，告诉你素有"纺织女王"、"汽车皇后"、"铁娘子"称号的台湾裕隆集团董事长、台湾工商业界的传奇女性——吴舜文女士多姿多彩的人生经历……

现在这套丛书就摆在你的面前，翻开它，让它领你踏上穿越台湾的文化之旅、快乐之旅吧，相信你一定会有所收获的。

福建教育出版社

# 序　言

林仁川

宝岛台湾是我国的第一大岛，位于祖国东南沿海的大陆架上。岛上风景秀丽、气候暖和、物产丰富，极宜人类生存与发展。台湾居民绝大部分是从大陆直接或间接迁徙过去的，他们与原住民一起披荆斩棘，历尽艰辛，为开发和建设宝岛做出了卓越的贡献。

随着大陆人民的大批迁入，大陆较先进的生产技术、文化教育、文学艺术和风俗习惯不断地移植台湾，促进了当地社会经济的发展和文化艺术的繁荣，使台湾文化成为中华灿烂文化的一个重要组成部分。

但是，自1895年以来，由于日本帝国主义的侵占和1949年以后两岸的长期隔绝，大陆人民对台湾的了解十分有限。虽然，20世纪80年代以后，有大批的台商和各界人士纷纷渡过台湾海峡，到大陆经商和从事文化交流,然而大陆人民进入台湾还是比较困难的,特别是广大的青年学生迫切希望了解台湾社会经济、历史文化。为了让大陆人民特别是大陆的青少年能比较全面、真实地了解台湾,厦门大学台湾研究中心组织了一批研究台湾的学术工作者编写了"图文台湾"丛书。这套丛书以翔实的史料、精美的图片、通俗的语言,从社会、经济、文化等各个方面介绍台湾的情况,既追述两岸人民共同开发建设台湾的艰苦历程,也颂扬两岸人民抗击外国侵略、收复台湾、保卫台湾的光辉业绩,同时展示台湾的美丽景观、民俗风情、民间信仰和文化艺术。

我们期望,这套图文并茂的通俗读物能陪伴你一起追忆历史,探访民俗,欣赏台湾的秀丽风光,让你从容地穿梭于时光隧道,流连于古迹佳景,轻松愉快地享受一趟台湾宝岛的文化之旅。

# 目录 Contents

导 语 /1

一 垦丁的发展沿革 /3
    迟来的垦丁 /3
    何为"国家公园"? /6

二 垦丁地理与气候之特质 /9
    "烤番薯"的尾尖 /9
    四季恒"春" /10
    五种风情 /11

三 垦丁地形与地貌奇观 /13
    婀娜多姿的垦丁 /13
    谁雕琢了垦丁的身姿? /18

四 畅游垦丁植物世界 /20
    垦丁植物的"特"与"色" /21
    海滨植物 /21
    山地植物 /25

五 造访垦丁动物世界 /30
    灵动可爱之哺乳类 /30
    翱翔天际之鸟类 /34
    花丛舞姬之蝶类 /38
    穿越林间之两栖类 /39
    全副武装之爬行类 /41
    异形高手之昆虫 /43
    其他陆上动物 /45
    黑夜之"光"——萤火虫 /47

## 六 探访垦丁海底魅影 /50

缤纷绚烂之珊瑚 /51

"海底花蝴蝶"——珊瑚鱼类 /53

基础生产者——藻类 /55

其他海底动物 /56

## 七 垦丁史前文化之旅 /58

天然考古实验室 /58

垦丁十大文化相 /59

## 八 垦丁景点走透透 /69

静谧空旷西海岸 /69

充满热带风情的垦丁 /78

海天相连东海岸 /89

原始生态南仁山 /95

## 九 美丽垦丁周边游 /98

原南台湾的海防要地——恒春 /98

恒春半岛之门户——车城 /105

## 十 盛世活动与休闲娱乐 /108

"垦丁风铃季" /108

垦丁音乐节 /110

"琅峤赏鹰季" /111

恒春"抢孤"与"竖孤棚" /112

水上活动 /113

## 结 语 /115

参考文献与图片来源 /116

# 导　语

　　"垦丁"，是台湾南部垦丁"国家公园"的略称。"垦丁"二字，本义为"开垦的壮丁"，来源于清朝光绪三年（1877年），当时清廷招抚局从广东潮州一带募集大批壮丁到台湾南部垦荒，为纪念这些筚路蓝缕、以启山林的开"垦"壮"丁"，而将此地命名为"垦丁"。

　　垦丁"国家公园"位于台湾本岛最南端的恒春半岛，三面环海，东向太平洋，西临台湾海峡，南濒巴士海峡。其陆地范围，西边包括龟山向南至红柴坑，南部包括龙銮潭南面的猫鼻头、南湾、鹅銮鼻，东沿太平洋岸经佳乐水，北至南仁山区。其海域范围，包括南湾海域及龟山经猫鼻头、鹅銮鼻北至南仁湾间，距海岸一公里内的海域。古有诗云：

　　　　猫鼻龟蛇峙海边，三台高耸入云巅。
　　　　龙吟雨化潭心月，虎啸风清岫口烟。
　　　　牛背躬耕归野径，马鞍谁着出尘鞭。
　　　　千秋洞鉴封侯绩，雄镇东南半壁天。

　　这是清朝光绪年间梅州人梁燕之诗，读罢不禁陶醉于其间的美。诗中所描绘的美就是早期的"恒春八景"，即为如今久负盛名的垦丁猫鼻头、三台山、龙銮潭、赤牛岭、猴洞山、关山等地。

　　垦丁之美由来已久！漫长岁月在古诗词赋中悄然流逝，而垦丁却依然将其美丽容颜写在台湾的热土之上，展现在今天每一位驻足者的眼眸中，也留在了每一位到访者的心中。垦丁有种美，有点魅！可以说垦丁的魅力得力于众多方面的成全，特殊的地理位置使得垦丁成为独一无二的垦丁，然而垦丁的流光溢彩又不仅仅局限于此，气候因素、历史人文气息沉淀等都为之添色不少！

来到垦丁，回首垦丁的沿革与发展，我们不禁为这迟来的胜景而感动，它的脚步缓缓，更令我们珍惜这里的一草一木、一山一水、一纸张一文化。站在这个"烤番薯"的尾尖之上，你可以感受到垦丁四季恒春的气息；漫步公园之内，生态保护区、特别景观区、史迹保护区、游憩区以及一般管制区都给你带来各具特色的风情。说到这里，垦丁的美才算是"小荷才露尖尖角"，待到走完整个垦丁，你才真正地体会到垦丁的美是"十全十美"，美得全面，美得神秘妩媚！

在这里，多姿多彩的地形会在你行走之间给你一个个意外的惊喜和沧海桑田的感叹；异彩纷呈的植物世界让你零距离地接触大自然，体会真正的心旷神怡；灵动可爱的动物世界更是让你爱上这里的俏皮与神秘；而当你疲倦于翘首仰望这里的蓝天，当你疲惫于徒步蜿蜒崎岖的陆地，垦丁的海底魅影会及时地给你一份视觉的盛宴，你的心情顿时会像珊瑚一样绚烂绽放！垦丁的美可谓是自然之美、魅力之美！

当然，只有自然的赐予之美，这还远远不够！在历史的岁月辗转中，垦丁沉淀了一份历史的厚重，十大文化相不仅写在历史的书页上，也写在人们的感慨与记忆中。从历史中一路走来，今天的垦丁依然年轻美丽更富活力，它以新的面貌来迎接新的时代和新的面孔，在静谧的西海岸，在热闹非凡的森林园区，在美丽的海水浴场，在风铃季的悦耳声响中，在音乐节的完美旋律中，你可以感受到这种崭新与激情的处处洋溢，在每一位驻足者的脸上，在每一位流连者的心中！

生命终究难舍蓝蓝的白云天、幽幽的绿草地，生命更难舍的是一种旅行于自然与人文之间的愉悦，垦丁有着自然的赐予之美，有着人为的创造之美，美得齐全，美得鲜活！为生命安排一次饕餮的旅游盛宴，来垦丁吧！在这里，完成一次"十全十美"的旅程！

# 一 垦丁的发展沿革

一个新的事物从无到有，总是要经历一番波折，垦丁公园的成立也正是这样，有着自己一波三折的发展沿革经历。从初步构想，经实地考察，到最终的建立，可以说是历经磨难，同时，也正是这样的发展过程，使得垦丁公园也成为台湾公园"来之不易"的成长过程的得力见证。

## 迟来的垦丁

一个简单的"迟"字，却深深地刻画出了垦丁"国家公园"成长历程的波折，从提出建设初步设想、提交提案，到开始实施进程，再到最终的建成，漫长的几十年已经悄然流走！台湾地区设立公园的初步构想，最早可追溯到1930年代的日据时期。当时日本人在其国内指定了富士山等九处国立公园，同时亦在正处于其殖民之下的台湾地区指定了大屯、新高及次高太鲁阁三处"国立公园"预定地，随后便展开了调查工作。1937年中日战争爆发，日本在台湾设立"国立公园"的计划迫于形势暂缓施行。1945年日本战败，台湾重新归还中国，三座"国立公园"的设立计划暂时搁置。

其后，随着国内战争的爆发，蒋介石政府最终迁台，台湾处于百废待兴之中，国民党政府根本无暇顾及设立公园的计划。直到1961年2月27日，台湾"交通部"观光事业小组建议主管单位应开始草拟公园法，设立公园的计划在沉寂多年之后才重新被提上日程。第二年，国民党政府指示交通主管单位邀集有关机构及专家学者研拟条文。就在草拟该法案的同时，一些关心及热心的单位已经开始规划公园。1962年，"交通部"观光事业小组委托台湾公共工程局（目前已改制为住都局），规划面积28 400公顷，涵盖北海岸、观音山及大屯火山群的阳明山公园。可是当公园规划完成后，公园法草案却没有如期通过，使得这个计划最终也只是被束诸高阁。

公园法之所以屡次不能顺利通过，据早期参与的居伯均先生回忆，是由于"当时大家的看法是上山下海的开发都犹恐来不及，怎么可能去通过一种划地为牢、限制开发的法案呢"？可见设立公园计划之艰难与时局之无奈。

经过此次的难产之后，设立公园再一次被提出，已是二十年后的事情了。但是这期间一些有识之士仍没有放弃，在逆境中继续为设立公园而做着不懈努力。

1966年，农复会（农委会前身）及林务局邀请了任职于美国国家公园管理处的卢迪博士访问台湾。经过在台湾各地勘察数月后，卢迪博士提出了一份"台湾地区设置公园及保护区建议书"，指出玉山及雪山一带可以设立垦丁公园，而太鲁阁一带沿中横公路，可以设立"国家"道路公园。原以为这份报告也会像以往一样归于"存查了事"，可是功夫不负有心人，由于当年11月公园国际委员会的主席哈罗亚教授的来访，而使事情有了转机。哈罗亚建议台湾应尽速订定公园法。在这个动力的激励下，经过不懈的努力，台湾终于克服了各行政单位间开发保育之挣扎，开始订立公园法，虽然这已是三年后的1969年。

之后，设立公园的进程逐渐地加快。在1970年9月至次年7月，不到10个月的时间内，台湾立法单位的内政、司法两委员会，举行了12次的联席会议，终于在1972年5月完成最终审核，并在1972年6月13日公布实施了这部迟来的公园法。

之所以说是迟来，是因为离当初提案已经是近二十年的事情了；之所以说是迟来，是因为世界上第一座国家公园——美国黄石公园，早在1872年3月即已设立，在台湾通过公园法的1972年，美国已经在庆祝黄石公园成立一百周年了；之所以说是迟来，是因为1981年相关部门提议设立阳明山公园，才发现原来计划中的许多自然区域都已用于经济开发,只剩下核心部分的一万余公顷,仍维持较原始的状况。

对于垦丁"国家公园"来说,迟的也许不仅仅是时间,迟的更是它成长的步伐,缓慢而又处处遭遇颠簸。在公园法令通过后,为了配合未来推动公园计划,台湾主管单位修改了其组织,特别增列了这方面的工作,并开始草拟施行细则。只是这份施行细则的命运与母法非常相似,主管单位再次报请台湾"行政院",希望早日公布公园法施行细则,因为只有母法而没有施行细则,工作依然无法展开。此后又邀集了有关单位及专家学者,就原已通过的实施细则再予以检讨修订,但到1977年6月仍然得到如此的消极结论:"公园法施行细则草案,暂无发布必要,其有关之应办事项,仍可由主管机关以行政措施办理之。"

没有施行细则,则母法虽然公布亦无法执行。但当时许多有识之士,认为公园的设立已是势在必行。1977年7月8日,经设会(经建会之前身)即已邀集各有关单位研商"推动公园规划工作计划草案",并由各单位推派代表组成指导及工作两个小组,初步选定了太鲁阁地区进行规划。而依据公园法,公园的主管单位是公园的相关机构,但由于当时人力、财力均不足的情况,仍请经设会办理规划业务。

虽然恒春半岛美景天成,拥有雄厚的观光资源,但早些年一方面由于生态平衡的观念不普遍,导致在开发观光资源时,没能够兼顾环境保育;另一方面则是因为当是台湾人旅游习惯不佳及当地居民的无知,破坏了许多珍贵的天然资源,如滥垦热带海岸林、盗采珊瑚、钟乳石等。

1977年,蒋经国在担任"行政院长"任内,到恒春地区访视时,就发现这种情形,因此特别在院会中指示:应将垦丁地区规划为台湾第一座"国家公园",以维护当地的自然景观及生态资源。由此可见设立公园之紧迫性。

就是在这样的情况下,垦丁地区在正式设立为"国家公园"之前,仍遭受不断地破坏。成立之前的时间里,"交通部"观光局在垦丁规划陆地面积4827.6公顷的风景特定区,并于1978年12月8日设立了风景特定区管理处。除此之外,对垦丁地区更大的伤害,是台湾电力公司选择了南湾——可以说是垦丁,或者整个台湾最佳的白色沙滩,兴建其第三座核能发电厂。核能电厂不仅在陆地上影响景观甚巨，而且其运转后的热废水，更影响海域生态，尤其是珍贵脆弱的软珊瑚林。

庆幸的是，在多方的努力下，到1980年时，台湾主管单位总算是把垦丁公园规划列上了重要施政计划之一，因此许多工作得以积极而顺利地开展。

1979年7月17日核定成立公园委员会，9月21日正式成立并召开了第一次委员会。

1979年7月20日亦已奉核准，按"规划垦丁地区垦丁公园计划"进行规划。1982年4月7日，垦丁公园计划终于由主管单位核定，并公告自同年9月1日起生效。同时主管单位在1981年3月2日由原营建司升格成立之营建署，接替了民政司掌理公园的业务，在这段时间内积极研订了《公园法施行细则》、《公园管理处组织通则》及《公园警察队组织规程》。

这些法规的订定工作完成后，垦丁公园管理处终于在1984年的1月1日成立。台湾的第一座"国家公园"终于缓缓地从"幕后"走向了"台前"，开启了台湾"国家公园"的历史，诠释着"国家公园"的涵义！

## 何为"国家公园"？

回顾垦丁"国家公园"的设立过程，可谓是披荆斩棘，历经了千辛万苦，在无数有识之士的共同努力之下，冲破重重困难才成立的。垦丁"国家公园"的成立，见证了台湾地区"国家公园"的发展历程，从无到有，从初步构想到最终变为现实。垦丁公园设立的同时也带动了台湾其他公园的设置。1979年3月由决策当局核准并颁布的"台湾地区综合开发计划"中，建议将玉山、垦丁、龟山、大霸尖山、太鲁阁、兰屿、南横桧谷等地设为公园预定地。

垦丁公园尚在规划阶段时，主管单位公园委员会，已选择了玉山山块及连接南横桧谷，面积约10万公顷之地区，为台湾第二座公园预定地。

1985年4月10日，玉山公园管理处成立，同年9月16日第三座"国家公园"阳明山公园亦顺利成立。

1986年11月28日太鲁阁公园成立后，台湾的公园迈进一个新的阶段，占

◎垦丁"国家公园"

全省总面积6.3%的土地，都在公园法的保护下。

1988年3月8日，终于同意在兰屿成立第五座公园，以及将太鲁阁公园的范围，扩展到雪霸之间的菁华地区，使台湾公园的规划更上一层楼。

回顾这四分之一个世纪，台湾的公园事业从无到有，从零到五座，从误解排斥到欣然接受，是一段漫长的奋斗过程，而垦丁公园也终于被列入由国际自然及自然资源保育联盟(IUCN)公布的1985年版的"世界国家公园名录"内。台湾的自然资源保育工作得到了国际认同。

台湾自1961年开始推动"国家公园"与自然保育工作，1972年制定《"国家公园"法》之后，相继成立垦丁、玉山、阳明山、太鲁阁、雪霸、金门与东沙环礁共计7座"国家公园"。

然而"国家公园"这一名词到底意味着什么呢？

美国普渡大学森林学博士、曾任台湾省林业实验所副研究员的徐国士这样解释："所谓'国家公园'，是指自然条件特殊，足以代表国家地理、地质、动物、植物、人文景观的区域，值得永久保存，以维持其自然品质，并作为现代及将来科学、教育、游憩和启发灵感的资产。因此任何可能影响到这个范围内自然状态的人为活动，都在禁止之列。"

垦丁公园的设立，旨在保护特有的自然风景、野生物及史迹，同时为现代及未来科学、教育、游憩、启智服务。垦丁公园自1984年初成立以来，不但严格保护区内珍贵资源，而且积极地推动解说教育工作，借着各种教育媒体等渠道，详细地诠释垦丁区域内各项自然及人文资源，使大众对于自然奥秘能因为欣赏、了解而产生爱护之情及资源保育的共识。

由此可见，国家公园可以像普通公园提供民众游乐，但又不仅仅是供游乐的普通公园，还担负了保育自然生态的责任，以供后人永续研究及利用——它是一座兼具"美"与"智"的公园。

# 二 垦丁地理与气候之特质

可以说，是垦丁的地理与气候特质，成就了它不可替代的美丽和魅力！

## "烤番薯"的尾尖

"烤番薯"的尾尖，看到这个，也许开始会有点疑惑，但是定神思考之后，便会恍然大悟，原来这是对垦丁公园地理位置可爱而又俏皮的描述！正如它所描述的那样，垦丁公园地形上属于恒春半岛的南部，恒春半岛则居于台湾的南端，恰似烤番薯的尾尖部位。恒春半岛处于台湾南端，三面临海，东临太平洋，西邻台湾

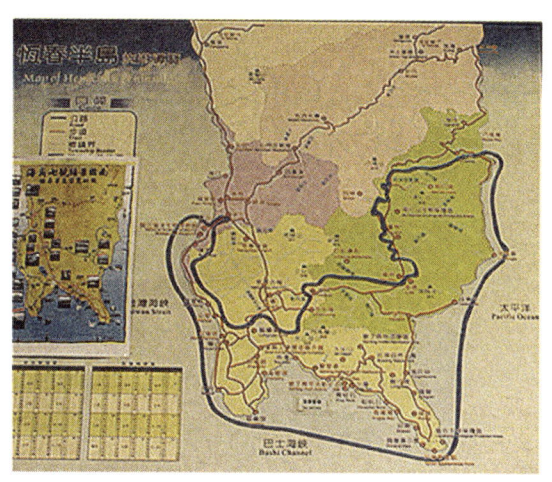

◎垦丁半岛图

海峡及南中国海，南向巴士海峡，包括离海岸线1公里以内的海域面积近15 000公顷，合计32 000多公顷的海陆范围。从经纬度定向来看，位于东经120°40′50″至120°51′40″，北纬21°54′10″至22°12′之间。

垦丁公园所处的地理位置，使其成为台湾最"热"的地方。来自于赤道方面的黑潮"暖"流，以及以赤道为中心线的艳阳"热"力，造就出垦丁独特的热带风情。它距离高屏都会区一百多公里，一趟屏鹅公路汽车约需走两小时，可说是高雄人、屏东人的"后花园"及"海底花园"。

## 四季恒"春"

垦丁所处的特殊地理位置，使它被冠以"四季恒春"的殊荣。垦丁公园属于热带性气候，全年气候温暖，年温差不大，草木不枯。夏季特别长，7月最热，平均气温为28.3℃；冬季特别短，最冷的月份，月平均气温在摄氏20.5℃，这样的气温哪里可以跨入冬天的行列呢，应该算恒"春"吧！

一年四季鲜花绿草，光泽如鲜，当然离不开阳光雨露的滋润，垦丁地区的年降雨量两千多毫米，但分布不均，5月至9月是一年中的雨季，有八成的降水在此期间完成，而且多是午后雷阵雨或台风雨；10月至翌年4月为干季，降水则相对雨季较少。垦丁地区平均的相对湿度大概处于73%~87%之间；除此之外，这一地区阳光照射均匀，平均日照率约为55%，正是这样的湿度与光照，才保证了垦丁四季恒春的美！

说到气候，不得不提的就是垦丁地区的风。这儿的风时而狂虐，时而恰到好处地给力，在呼啸中给人们带来意想不到的特殊景观，真可谓"风流"万千。垦丁地区年平均风速3.91米/秒，7月至9月往往会遭台风的侵袭；10月至翌年3月，东北季风特强，常常因为其来向与东北信风相符，风力最高可以达到每秒10~17米，也因此造就了本地区特有的"落山风"景观。

垦丁地区主要有三种"风流"，每年7、8、9月间，5月至9月间，以及10月至翌年4月间是这三种风流的分布时段。第一种风流是每年7、8、9月间的台风，它多半来自东南方，台湾气象局的标准报法是：某台风位于恒春东南方多少公里海面，以多少时速往西北方向移动，暴风半径多少。逼近恒春半岛的台风，往往在鹅銮鼻、龙坑、龙磐、佳乐水一带海岸兴风作浪。每年5月至9月间，是来自西南方向的西南季风，这是第二种风流。西南季风持续吹入南湾海域，风力不大，激起岸边小浪花，正是逐波戏浪的好季节。第三种风流是来自东北方向的东北季风。每年10月至翌年4月期间，东北季风吹到中央山脉，在管道作用引导下，风力增强，刮至南端恒春半岛，山脉的余脉变矮，越山掠下，形成"落山风"。落山风属于间歇性吹袭，持续几小时、数日或半个月，阵风强时，风速达每秒10至17米，相当于轻度台风的威力，在转弯风口处，能够将疾驶中的车子吹翻。

◎ "落山风"景观

然而来此垂钓者对落山风却情有独钟。落山风的季节，鹅銮鼻至佳乐水一带海岸白浪滚滚，鹅銮鼻至南湾海岸却是波平浪静，当地钓客便利用空塑胶袋"空飘"当浮标来钓鱼。利用落山风钓鱼，可谓垦丁一绝！

◎ 龙坑海岸珊瑚礁以及崩崖景观

## 五种风情

垦丁"国家公园"独到的自然环境铸就了其风流种种，在这样的基础之上，人为的规划，更使得其别具风情。自然的刻画与人文的安排，浑然一体，使得垦丁的美也更加有质感。下面我们就带着这样的一种憧憬去体验一下来自垦丁的五种风情吧！

垦丁"国家公园"位居恒春半岛南部，东面太平洋，西临台湾海峡，南濒巴士海峡，北至南仁山北侧，海陆范围共计32 631公顷，即（一）陆地范围：计17 731公顷，西边包括龟山向南至红柴台地崖与海滨地带，龙銮潭南面猫鼻头半岛、南湾、垦丁公园、鹅銮鼻半岛，沿太平洋岸上至佳乐水、出风山、南仁山区域，北至九棚湾。（二）海域范围：面积共14 900公顷，由龟山至猫鼻头间，鹅銮鼻附近至佳乐水、南仁湾的海域，距海岸线1公里内全部划入其中。

垦丁公园将海陆两部分划分为五部分：生态保护区、特别景观区、史迹保存区、游憩区以及一般管制区。

生态保护区是指为提供生态研究，而应予严格保护的天然社会——未被人为干扰，尚保存原始状态。此区生物种类繁多，且具代表性。保护区最主要是提供学术研究，非经申请许可，严禁任意进入。

特别景观区是指无法以人力再造的特殊天然景致，严格限制开发行为的地区，如佳乐水与猫鼻头等地的沿海珊瑚礁、港口苗圃、热带雨林、龙銮潭冬候鸟区、大小尖山等二十处名胜。

史迹保存区视为保存重要史前遗迹、史后文化遗址及有价值的古迹，而划定的区域，现有鹅銮鼻灯塔及南仁山石板屋二处。

游憩区指适合各种野外育乐活动，并准许兴建适当育乐设施，及可进行有限度资源利用的地区，也是目前容纳游客最多的地方。

上述四区之外，则属一般管制区，包括乡村住宅、机关、学校、农、林、牧业等用地。

可以说五区划分，各具特色。五区人文气息由弱到强的变化，人文与天成的结合，更使得垦丁的美具备了不同的风情，既美得活灵活现，又美得别致井然！

#  垦丁地形与地貌奇观

垦丁如同一个美丽的少女，优越的地理和气候条件给她穿上了花枝招展的霓裳，在这样多姿绚烂的霓裳下面，是婀娜多姿的身躯。这样的身躯，对于垦丁来说，是地形之美的鲜活体现；而这样的地形之美，又是出于地质活动的鬼斧神工和地质运动漫长岁月的雕琢。

## 婀娜多姿的垦丁

垦丁"国家公园"海岸线绵延约70公里，山海交错之间，奇岩怪石，山崖崩岸，形成风光绮丽的锦绣河山。其中较著名的海岸地形有如沙滩海岸、裙礁海岸、岩石海岸、崩崖，以其细腻与粗犷的美感，区别于台湾其他地方。除了变化多端的海岸地形外，垦丁陆域的地形景观也十分多样，如珊瑚礁石灰岩台地、孤立山峰、山

◎恒春海岸

## 图文台湾
### 台湾南部垦丁探奇

◎南湾与核三场

◎风吹沙

◎鹅銮鼻海岬及小湾沙滩

间盆地、河口湖泊等等，具体而微，又细致丰富，是垦丁公园最迷人的地方。可以说，无论是在地貌还是地质景观上，垦丁公园均可谓是一个变化多端而且内容丰富的地区。总体而言，垦丁地区中间隔以狭长、向南延伸的恒春纵谷平原，西岸以临海珊瑚礁断崖地形为主，海岸遍布裙礁，北部大多为山区，南部则为珊瑚礁台地及丘陵区。在南北向延伸的断层纵谷平原内，有一潭面广阔的龙銮潭，平原以东有隆起的珊瑚礁台地与石灰岩洞穴景观。台地东面有风吹沙的沙河、沙瀑地形，更有珊瑚礁崩崖与石灰岩洞、陷穴、钟乳石等小地形景观。

具体而言，全区的特殊地貌景观，可分为以下各类：

（1）沙滩海岸：分布于沿海的白沙、南湾垦丁、小湾、砂岛及风吹沙地区。

（2）裙礁海岸：分布于西海岸及鹅銮鼻沿岸地区。

（3）岩石海岸：分布于佳乐水以北之东海岸地区，以佳乐水之砂岩海岸为著名。

（4）石灰岩台地崖：分布于沿海裙礁海岸之上侧，例如大平顶、关山、猫鼻头、社顶、垦丁森林游乐区、鹅銮鼻台地等区。

（5）孤立山峰：主要有门马罗山、大山母山、大尖山、小尖山、青蛙石等垦丁层上之外来岩块。

（6）崩崖景观：分布于猫鼻头、鹅銮鼻、风吹沙的东侧海岸。

◎裙礁海岸

（7）河口景观：主要为保力溪、港口溪的出海口处。

（8）河流及湖泊景观：包括港口溪、龙銮潭等地。

（9）山间盆地景观：分布于南仁山附近地区。

## 1. 扫描陆上垦丁

垦丁公园所在的恒春半岛面积约为280平方公里，南北长约45公里，东西最大宽度约为25公里。恒春半岛的地形共有八个单元，分别是恒春半岛西坡、恒春半岛东坡、尖山地形、东方丘陵、恒春西部台地、纵谷平原、鹅銮鼻隆起珊瑚礁及南部珊瑚礁海岸等。

纵贯台湾的中央山脉到了大武山以南，渐次减低，因此恒春半岛北部为山地，南部已降低为丘陵地，河流短促，向两翼呈放射状。恒春半岛两侧在枋山、枫港、车城、恒春等地，因河川冲积而形成沿岸平原，其中只有车城、恒春一带，面积较广。

垦丁公园陆上地区的地形以低山、丘陵台地为主。地势大体上以屏200号县道及台24号省道划分为三部分：

第一部分，范围包括屏200号县道以北，港口溪以东地区。主要的地形：港口溪两岸的长乐、满州一带是河谷平原，其余部分都是绵延的低山丘陵，如太平山、南仁山、埤亦山、出风山、猪劳束山等，海拔高度约在400米左右，坡度多在30%以上，属中央山脉的余脉。

第二部分，范围包括屏200号县道以南，台24号省道以东。主要的地形：属珊瑚礁石灰岩台地，海拔高约200米，坡度以25%至30%之间者居多。

第三部分，范围包括保力溪至马鞍山间，台24号省道以西一带。主要的地形：恒春纵谷平原，地势低平；向西为恒春西部台地，海拔高约150米，台地西侧为台地崖、隆起海阶、海岸珊瑚礁。

### 2. 多姿多彩珊瑚礁

在垦丁海岸线垂钓者，大多用浮标式钓法，少用沉底式钓法，而且十抛竿九挂钩。原来是垦丁海底千疮百孔状的珊瑚礁在作怪。垦丁不仅海域范围多半由珊瑚礁组成，连陆域范围也多半由珊瑚礁连贯而成，是名副其实的"珊瑚礁公园"。

恒春半岛位于菲律宾海底板块与欧亚大陆板块的边界，在板块的挤压中逐渐隆起，属于"隆起珊瑚礁"地形。大概以每年将近半厘米的速率隆起，造成目前垦丁地区独特的珊瑚礁石灰岩地形景观。

珊瑚礁即是造礁珊瑚虫骨骼的堆积体，其成分主要是碳酸钙。垦丁地区

◎珊瑚

的珊瑚礁大致分为三层：

（1）高位珊瑚礁

地质学上称为恒春石灰岩，属于老期珊瑚礁，以垦丁森林游乐区、社顶自然公园一带为代表，形成年代距今约8万至12万年。由于碳酸钙容易被雨水溶解，并沿缝滴下，再度沉淀结晶，从而形成石灰岩洞穴、钟乳石、石笋、石柱奇观。

（2）低位珊瑚礁

属于新期珊瑚礁，高度范围为10米至20米之间，分布于垦丁地区海岸线潮间带上。由于受海浪的剧烈侵蚀，形成潮地、壶穴，及切割成流沟、浪渠，构成裙状珊瑚礁海岸，其中以猫鼻头、鹅銮鼻突岬的顶头浪区最明显。

（3）海底珊瑚礁

潮间带以下至水深30米处的珊瑚礁，属于活的珊瑚礁，各种造礁珊瑚虫能够分泌碳酸钙骨骼。分枝状珊瑚每年大概增长十几厘米，团块状珊瑚每年增长低于一厘米；且因珊瑚暖水温长得快，冷水温长得慢，形成类似树干年轮的疏密轮纹。因而解剖一株数米高的大珊瑚，不仅能估算数百年的年龄，而且能推演、记录这片海域数百年来的水温、水质变化。

### 3. 探奇南湾海底

垦丁公园还有个神秘的海底世界，就在公园的南湾海域的海底，即南湾四个奇特的海底地形区，分别是白沙深谷、猫鼻头棚、大阪埒深谷和鹅銮鼻棚。

白沙深谷主要沿着恒春半岛的西岸分布，位于猫鼻头外，略呈弯曲，以西北—东南的走向向台湾海峡延伸，东北—西南的走向向巴士海峡延伸，好像张开的两个弯曲的臂膀伸向海底。

猫鼻头棚位于猫鼻头岬之南，棚的西南向白沙深谷倾斜，东面向大阪埒深谷倾斜，棚的宽度愈向东南愈宽。

大阪埒深谷位于猫鼻头棚和鹅銮鼻棚之间，在南湾的中央部分，以东南—西北走向分布于湾内，而在陆上与龙銮潭的低洼区域会合。

鹅銮鼻棚是一个倾斜缓和的沉没棚，鹅銮鼻岬向东南延伸。鹅銮鼻岬很平滑地向岬的最尖端倾斜。

## 谁雕琢了垦丁的身姿？

　　一幅幅美丽的风景，不仅仅成就了垦丁的婀娜身姿，它们还是恒春半岛下沉、隆起、褶皱、崩落及海流、潮汐、风化的百万年地壳运动史的真实记载，也是地貌及地质学最佳的自然教室，值得仔细欣赏与探究，让我们在观赏自然风光之余，不禁为大自然的鬼斧神工所折服。可以说是百年地壳运动的力量雕琢了垦丁的曼妙身姿，赋予垦丁深藏于沧海桑田间的神秘。

### 1. 地质运动百万年

　　一个地区的气候情况与地质状态决定了其地形的成长，因此，在形状万千的地表下，有着其无法掩盖的内在的本质。在垦丁，亦如此。

　　台湾地处亚热带与热带交界，平地的年平均温度高达22℃，降雨量约达2500毫米。季节性的降雨量变化很大，再加上山高坡陡，河流短促，河川侵蚀剧烈。同时由于它处在大陆与海洋地壳交界地带的特殊地理位置，中生代末期的南澳构造运动曾经在这里造成山脉；但是不久之后，陆地就又被深埋海底；新生代以前的古地理，如今已难以追溯其真相。我们只能从400万年前的最近一代的台湾地质史说起，当时从台湾本岛东南方向挤压过来的岛屿地块，在花东纵谷一带撞上了亚洲大陆地块，强烈的压力把海底的沉积物挤压到海水面以上，伴随着褶皱运动及断层运动，台湾造山带便由此形成。

　　从那时起，今日台湾的地质背景才算有了基础。然而由于东来的挤压力一直不停，接连不断的地盘隆起、频繁的地震以及剧烈的侵蚀及火山喷发等等动荡的地质运动，继续塑造着台湾各种巨大的河谷、冲积扇、河阶地、砾石层等等地质特征。

　　一直以来，垦丁地表都在不断地向上隆起，直到今日，恒春半岛的上升率仍然高达每年半厘米。地壳快速隆起，把地质年代甚晚的沉积岩层暴露到大气中，承受自然的风化、侵蚀、山崩等等的作用。也正是这些大自然的鬼斧神工，锻造了垦丁延续的、变化的地貌之美，而这种美恰恰也证实了台湾沧海桑田的变迁。

### 2. 鬼斧神工造垦丁

正如以上所提及，垦丁公园呈现如此丰富多变的地形，都要归功于无所不能的大自然。

从地质学而言，影响地形发育的作用力，可以归纳成两大类：一种是由于地球内部原因而产生的内营力作用，即地壳运动产生的强大水平挤压力，能量主要来自于地球内部热能的对流；另一种是肇因于地球之外而产生的外部作用，它的能量则是来自于太阳辐射和重力。这些内因性或外因性的作用力，都有着空间上和时间上的分布变化，因此在不同的地理位置上，这些作用力的状况都不尽相同。

在安定地区的大陆上，原初地表的隆起地形以及洼下地形大都是上亿年以前由于内因性作用力而形成的。在长久地质年代的演变中，风化、侵蚀、边坡作用等，不停地雕塑着大地，造成了各种地形。如果没有这些地表作用的雕塑，台湾本岛将只是一条高达一万米以上的狭长圆顶山脉而已，而地表也只有单纯的大起伏地形而已。在地质年代后期的数千万年里，外因性的地形作用力可以削去至少二分之一的原初大陆地表，而在地形作用速度特别快的山脉地区，例如台湾，则只需要近百万年即可将它夷为平地。

高山峡谷的地貌变迁，皆是源自各种大自然的内因性与外因性作用力的相辅相成、共同作用，今日所见的包括垦丁在内的台湾各种地形，也正是这种作用下的精美"雕塑"！

## 四 畅游垦丁植物世界

垦丁公园位于台湾最南端,是台湾六座公园中唯一全区都处于热带气候的公园。在地理环境上,园区的北部与东北部是中央山脉末端的延伸,与本岛其他地区的自然环境有相当的连接,而园区的南端则为台湾海峡与太平洋的交会之地,不仅东西两岸的环境有许多的差异,在垦丁及鹅銮鼻地区更形成了本岛少见的完整海岸林。因此,相对于其他公园而言,虽然垦丁公园的动植物的生物歧异度并非最高,但生物的独特性却很强。

◎残余的小型海蚀岩柱

## 垦丁植物的"特"与"色"

属于热带性气候的垦丁,有着漫长的夏季,且深受季风影响,尤其是10月到第二年3月的东北季风,在当地地形的效应下,形成该区强劲的"落山风"。特殊的气候滋养着丰富的森林植物带。本区热带林及季风林发达,植物种类众多:从船帆石到香蕉湾一带,分布着台湾本岛唯一的热带海岸林,其中有许多特殊的植物种类,如棋盘脚、莲叶桐、琼崖海棠等。

离开海岸向山边望去,热带林植物区加上高位珊瑚礁,型塑出郁蔽幽深的另种风情。垦丁特有的珊瑚礁原始林非常值得深入感受;季风林则出现在南仁山区,受到季风、水分梯度以及纬度分布的影响,森林植物区成为台湾一大"特景",在别处也许无法欣赏到如此珍贵特殊的风景,因而热带林植物区被视为台湾的"宠儿",被划为生态保护区。

台湾本岛,最绿的叶子就在艳阳高照的鹅銮鼻一带。光合作用给了树叶争奇斗艳的机会,太阳光越强烈,光合作用就越旺盛,叶子也就会越绿,甚至是绿得发油。垦丁公园作为台湾最"热"的地方,受到来自赤道方向的黑潮"暖"流以及以赤道为中心线的阳光直射的共同作用,其植物表现出独特的热带"绿意浓情"。

垦丁公园区内的植物除了具有"绿意浓情"之外,还有着另一个特征,就是有着顽强的适应特殊环境的能力。在长达半年之久的落山风吹袭下,生长在硗薄贫瘠的珊瑚礁或沙地上的植物,要想适应如此恶劣的环境,必须特化出一种抗风、抗旱、抗盐雾的本事才可以,其间所透露出的生命韧力信息,令人肃然起敬。

特殊的气候以及变化多端的地形,使得垦丁公园孕育了丰富的植物种类。园内的自然植被,大致可分为海滨植物与山地植物两大类。

### 海滨植物

顾名思义,海滨植物为分布主要局限于海滨的植物,是由抗盐性强的植

# 图文台湾
## 台湾南部垦丁探奇

◎琼崖海棠

◎水芫花

◎海马齿

物和可在沙地上生长而耐旱性强的一些植物组成。植物社会有着其组成与分布特性,据此,恒春半岛的海滨植物可区分为数个单元:垦丁公园的西部海岸一般来说因为地势平坦,因而形成典型带状分布的海滨植物社会;垦丁公园的东部海岸则因地势较为陡峭,因此较无发育完整的海滨植物社会。

在此基础之上,依据植物距离海岸线的远近以及植物高度,又可以将海滨植物社会更细致地划分为以下四个类型:珊瑚礁植物带、草本植物带、灌木植物带以及海岸林植物带。以下分别对各个植物带的生长特性及其代表性植物做一个简单的介绍。

### 1. 珊瑚礁植物带

垦丁公园内的珊瑚礁植物带是台湾地区面积最大的临海珊瑚礁植物带,受海风、浪沫、盐雾、烈日的影响,这一植物通常紧紧伏贴在礁洞壶穴里。灌木状水芫花是这一植物带的主要代表。水芫花属于千屈菜科、水芫花属,为常绿灌木。水芫花在珊瑚礁上常呈匍匐状。花为白色或略带红色。茎多分支,密被白色短毛,叶小且对生,呈倒长卵形,厚肉质,两面具白绒毛。除了水芫花之外,这一植物带还"同居"着很多其他的植物,例如干沟飘拂草、双花耳草、印度鸭嘴草、海马齿等。

### 2. 草本植物带

草本植物带，也被称为沙地草本植物带。通常紧邻临海珊瑚礁，多分布在沙地或沙丘地带，尤其是珊瑚礁湾底的狭窄沙滩处。要想了解草本植物带具体的习性与特征，就不得不认识马鞍藤、海埔姜以及滨刺草这几种植物，他们可以说是草本植物带的代表成员了，那么这些植物究竟又有着怎样的生活习性与特点呢？

既然都属于草本植物家族，那它们就有着一定的相似之处，例如都以匍匐姿态生长在海滨地带等；当然它们又各具特色，共同演绎着草本植物带的缤纷多彩。马鞍藤：因其叶子形状如马鞍而得名，是草本植物带的重要代表生物，属旋花科一种，多年生草本，匍匐生长，花呈粉红色，漏斗形，酷似牵牛花。马鞍藤匍匐在大湾（即垦丁海水浴场）的海滩高潮线上，衬托着海滩的象牙白与海水蓝。由于海沙会随海风或海潮移动，生长其间的马鞍藤茎节上会长出不定根，且蔓延开来，固着沙土，吸收生长所需要的水分。海埔姜：属马鞭草科，小灌木，典型的海滨植物。花呈浅紫色，叶对生，叶背灰白。匍匐于地生长，节节生根，在沙滩、砾滩都可能见到海埔姜的生长痕迹。滨刺草：属禾本科，为多年生草本，杆木质化。植株常盘踞大块面积，定沙作用良好，为台湾沙滩三大植物社会之一。

### 3. 灌木植物带

灌木植物带可以说是演绎着垦丁的"低调之

◎马鞍藤

◎海埔姜

◎滨刺草

# 图文台湾
## 台湾南部垦丁探奇

◎林投

◎草海桐

◎黄槿

美",它们多傍林海而居,大多以低矮、伏卧的姿态装饰着地表,形成风剪似的天然防风墙。在具体的描述这一植物带之前,先让我们认识一下这个家族的几位成员吧!首先是属于常绿灌木的林投和草海桐。林投:露兜树科的一种,为常绿灌木,茎多分枝,叶呈绿色,中肋有尖刺。果实的形状似菠萝,成熟时呈金黄色,可以食用,可以通过海上漂浮传播。草海桐:为常绿灌木。茎粗大,光滑无毛,高可达2米。叶丛生枝顶,为蜡质,倒卵形至匙形,上有不明显锯齿。在茎干上由于叶脱落,使得肉质的茎上,有环环的脱叶痕。其次是黄槿。黄槿:系常绿小乔木的一种,随着成长,树皮由灰白变黑褐,多纵裂。叶子互生,有长柄,呈现圆心形状。顶生黄色花朵,后变橙色,喉部则是暗红色。最后要介绍的就是白水木了。白水木:属紫草科,是常绿灌木或小乔木。白色绒毛密被于除老干外的全株,叶为肉质,丛生于枝端。花朵为蝎尾形的小白花,密集生长。

以上这几种植物是灌木植物带的典型代表,从这里不难看出灌木植物带的主要特征为叶厚而成革质,或光滑有刺;在海风的吹拂下,以低矮、伏卧的姿态装饰着地表。当然,如果你想发现灌木植物带的新成员,不妨到垦丁亲身体验一下灌木植物带的"低调之美"。

### 4. 海岸林植物带

海岸林植物带可谓是幸存的"大地衣裳"。海岸林植物带是热带海岸林的主体，它的生长随着时间和人为的改变而发生了变化。海岸林植物带曾在南湾至鹅銮鼻一带海岸分布生长，但是后因人类的垦殖，如今只在船帆石至香蕉湾一带幸存。棋盘脚、莲叶桐以其典型性向人们解说着海岸植物带的共同特征。棋盘脚，因其果实的形状像古时弈棋的桌脚，故称"棋盘脚"；而且它的果实比较肥硕，故有"垦丁肉粽"之称；其花形三百至五百枚的雄蕊呈放射状，花丝下白上红顶端黄，像焰火般灿烂，故有"垦丁之花"的美称。来垦丁看海滨植物，就不得不领略棋盘脚的美。莲叶桐，虽然也是垦丁海岸林植物带的重要代表，但是相对于棋盘脚来说要低调很多。它是常绿乔木的一种，有光滑灰色树皮，纸质厚叶子，呈心脏型互生。其所结果实呈杯状，中空，内藏种子，有助于浮海漂送，这是该种植物的共同特色之一。

◎白水木

◎"垦丁之花"棋盘脚

海滨植物的丰富多彩，非只言片语可以详尽描述，有更多的神奇与艳丽，也许只有踏上了这片土地，才能从心底感受得到！

## 山地植物

垦丁公园的山地植物群落，种类之丰富，并不逊色于海滨植物，按照其分布的领域,我们在总体上将其分为水生(湿生)植物带、草原植物带、灌丛植物带及森林植物带。

### 1. 水生(湿生)植物带

了解水生植物带就不得不去南仁湖生态保护区,那里的河口及淡水生态领域是这一植物带的主要分布区域。恒春半岛水域环境类型多种多样,岛上淡水水域环境可分为六大集水区,分别为九棚沿海集水区、港口溪集水区、鹅銮鼻沿海集水区、保力溪集水区、龙銮潭集水区以及恒春沿海集水区。同时各集水区中又各自有着河流、湖泊、沼泽、农田、山涧洼沟以及河口等环境类型,正是这样的水域环境,为水生(湿生)植物带的存在奠定了基础。

垦丁国家公园内最具代表性的湖泊群为龙銮潭与南仁湖湖泊群。龙銮潭属半人工水域,水位较深,南仁湖湖泊群则因各水塘水位变化而多样,因此水生植物在这两处的分布特点是:龙銮潭水生植被发育并不完整,而南仁湖湖泊群水生植物种类繁多。

深入垦丁公园内部,我们会发现很少的水生及湿生植物分布,因为垦丁公园内部河川通常短而湍急,因干湿季明显而导致水量不稳定;河川下游近河口处,尤其是港口溪口,则生长着丰富的沉水性植物(如马藻、流苏菜)与挺水性植物(如水烛)以及大型藻类。

◎泰来藻

◎灰木

◎红柴

此外，垦丁公园范围内极具特色的海生维管束植物带，以水鳖科的泰来藻、盐藻类与角果藻科的单脉二药藻为主，多半分布于有平坦珊瑚礁床与波浪平缓的水域。

## 2. 草原植物带

绿荫如织的草原，总能使人疲惫的身心获得愈疗。到垦丁，草原植被的美也是不可错过的。垦丁公园的草原植被，主要分布于垦丁牧场、南仁湖附近的山坡以及南仁鼻山地的迎风坡。其中垦丁牧场的景观多为人工垦殖所形成，所以要体验大自然的天成之美，当然是去南仁湖附近的山坡走一走。

南仁湖附近的山坡则是由季风以及牛只践踏等因素所形成。山坡上植被多为矮灌丛，灰木、双面刺、红柴、芒萁、猪脚楠、馒头果、野茉莉等虽然生长的"姿态"谦逊，不高贵，可它们确实是南仁湖山坡美景不可或缺的组成部分。这些植物多为灌木或者乔木，例如灰木就是落叶灌木或小乔木，全身长满了毛绒，有椭圆形或倒卵形互生的叶子，花呈白色，小而数目多。红柴属楝科，为常绿乔木的一种，是面海灌丛中的优势植物之一。植株全身有灰白色痂状鳞片，羽状复叶，花小色黄，圆锥花序，树材通直、坚硬且耐蛀，是当地居民搭屋选作梁柱的材料之一。而其中作为常绿草本的植物就是芒萁了，芒萁的根茎细长，褐棕色，密被金褐色鳞片及根，呈匍匐姿态生长，叶子可长达一米，前端双叉，各有长椭圆状披针

◎芒萁

◎恒春杨梅

◎大头茶

# 图文台湾
### 台湾南部垦丁探奇

◎毛柿

◎鹅銮鼻蔓榕

形，深裂为羽毛状的叶片一对。

### 3. 灌丛植物带

灌丛植物带没有森林的伟岸之美，却也演绎着低调的神秘！为了适应恶劣的环境，此植物带的植物通常形成低矮的盘状灌丛，位于迎风面的植物通常具有较小且短厚的叶片，在干季会出现假落叶或风剪的现象。走进垦丁公园，我们最常见到的灌丛植物带就是大头茶和恒春杨梅。恒春杨梅，又称青杨梅，是杨梅科的一员，为常绿灌木或小乔木，其果实成熟后可以食用。在垦丁公园，我们也会看到"带翅膀的种子"，但却不是蒲公英，而是大头茶的种子。大头茶是茶科的一种，叶子呈椭圆形，厚革质，叶侧脉不明显；有单生白色的花朵；最可爱的是其果实，为椭圆形，纵裂，种子上部有翅！

### 4. 森林植物带

最后要说的就是垦丁公园的森林植物带了，以港口溪为界可分为两区：以北的森林以南仁山为主，以南则现存于垦丁森林游乐区及其附近的高位珊瑚礁上。港口溪以南的高位珊瑚礁在风化与土壤聚集后所发育成的森林，也称为高位珊瑚礁植群，毛柿、黄毛柿以及桑科榕属植物为这一植物带的主要优势植群。

毛柿：为常绿大乔木，高可达20米。除叶表外，全株密被黄褐色绢毛；叶互生，革质，长椭圆状披针形；浆果扁球形，成熟时暗紫红色，外被长绒毛。

鹅銮鼻蔓榕：属桑科，为常绿蔓性灌木，叶呈倒卵形，厚革质；花果成熟时为暗褐色或紫黑。耐旱，抗盐，嗜光，不见于林下，常分布于水芫花后方的珊瑚礁岩上。

# 五 造访垦丁动物世界

垦丁多样的绿色植物,以及多变的珊瑚礁石灰岩地形,为多种动物觅食、栖息、繁衍提供了优越的环境,因此这里成为了各种动物的天堂。垦丁的动物生态,共计有15种哺乳类、216种蝶类、270种鸟类、39种爬虫类及不少于1万种昆虫类;越靠近赤道,动植物的差异性就越大,种类就越多。

如果你想更多地了解垦丁的动物王国,就千万不要忽略季节的因素,因为垦丁公园内的动物景观与季节变化也有着极密切关系,特别是表现在鸟类动物上。每年秋季到次年春末,大批的候鸟过境或在本区过冬,龙銮潭的雁鸭、满州的鹫鹰、山坡与耕地的红尾伯劳等,都成为本区独特的动物景观,极具观赏与教育价值;而大部分非迁徙的野生动物则终年出没于天然林内,尤其是南仁山生态保护区,拥有最丰富的动物资源,是学术上重要的研究场所。

垦丁公园是一个天然的动物世界,包括哺乳类、鸟类、蝶类、爬行类、两栖类以及昆虫类等,其中物种之繁多,动物世界之神秘与灵动,不禁令人心向往之!

## 灵动可爱之哺乳类

来到垦丁公园,我们会看到雀跃的山羌、野兔、台湾猕猴、白鼻心、野猪；在傍晚的天空，还会有觅食的蝙蝠！这些精灵可谓是与我们人类关系最密切的一个类群，其灵动与可爱也是其他动物所不及的特征——这就是哺乳类动物。哺乳动物是动物发展史上最高级的阶段，身体有毛，大部分都是胎生。垦丁公园内哺乳类动物至少有15种，那么就让我们走近它们，去认识一下这个大家族的几位成员吧！

在台湾鹿科动物中最小的一种就是山羌了，它们体重只居于6~7千克之间，我们很少见到体重超过12千克的山羌。虽然其体重普遍偏轻，但是它们的体型差异却呈现出十分大的两种类型，即在相同的年龄状态下，大型的和小型的在体型或重量方面相差几乎有一倍。在这样小小的身躯上，长满了黄褐色（冬毛较暗）而又短浅的毛，异常的灵动可爱！但是山羌的四肢细小，误触陷阱的山羌常常有断腿的危险，所以我们看到山羌的时候千万不要惊吓到它们哦。山羌和其他的哺乳动物一样，有雄雌之分：雄的山羌有角，并不分叉，在基部略微膨大，角为骨质，附着在雄羌的额头上，其额头在承接角的地方有骨状隆起；而雌山羌的羌角，只是在额头有长出长毛的骨质隆起。雄羌具有尖锐外露的狮牙；而雌羌的牙较小且只有

◎山羌

◎觅食中的台湾野兔

◎觅食中的野猪幼仔

◎猕猴雍容严肃的一面

些微外露。

在垦丁，如果你赶上一场春雨，那么春雨过后，你就有幸可以认识哺乳动物的另一个成员，那就是台湾野兔。台湾产的野兔只有一科一种，是中国野兔的一个亚种，它们通常是黄褐色的，在体背毛中混有先端黑色的毛，成为具有隐避效果的斑杂毛色。野兔眼睛的颜色，一般与他们的皮毛相一致，呈黄棕色；具有与众不同的长耳朵。野兔是草食性动物，尤其是刚出芽的嫩草，它最喜欢吃。所以春雨过后，嫩草就大量生长，野兔也出来觅食，这是见到这些小精灵的最佳时间。

和野兔的精灵相比，野猪则以其凶猛而引人注目。野猪是一种行动性特别强的动物，不论森林、开垦地、旱田、草丛或竹林都是它们的活动场所，而且往往入侵人类居住地附近。在靠近人烟稠密处，野猪的警戒心就会提高，而改成夜间行动，但是在深山的野猪仍在白天活动，尤其是清晨到正午之间，野猪成群地活动觅食，它们用坚硬的额头顶走岩石，以獠牙挖土，再用长鼻子拨开挖松的土壤，寻找蚯蚓、昆虫等为食。和家猪相区别，野猪头部的比例显得相当大，吻部长，鼻端裸出成为圆盘状，下颌的犬齿向前方外侧发展成为尖狭的獠牙，雄猪比雌猪的獠牙来得更为突出。野猪的毛质地粗糙，以

◎白鼻心涉水

◎赤腹松鼠

背脊处最长。相对于家猪的憨厚可爱而言，野猪则显得凶猛而不可接近。

　　除了上面所说的几种哺乳类动物外，我们不得不介绍的几种具有特色的动物就是台湾猕猴、白鼻心和赤腹松鼠了。除了人类之外，台湾猕猴是台湾唯一的灵长类动物，而且为台湾的"土产"，因为全世界只有台湾才有。台湾猕猴属日行性动物，猴群分布于南仁山、社顶、垦丁公园第三区一带天然林里。多半在清晨与傍晚间活动，而且通常成群结队，发现有人经过时会发出响亮的警戒声。台湾猕猴身体比较灵巧娇小，体重一般在3到6千克之间，头圆脸平，面颊裸出，两腮的长毛蓬松；全身披覆着长且细密的体毛，腹部白色，全身的皮厚而软，尾和体长相等或等于其三分之二，粗壮有力，有助于攀登过程中的固定与平衡。白鼻心，也叫果子狸，属于食肉目灵猫科，它的相貌十分可爱，其名称也是和其具有特色的相貌有关，从鼻后一直到额头，有一道白色的纵带，双眼之下有小白斑，而头部脸部的底色则是黑色的，二者形成强烈的对比。白鼻心通体极其肥胖，颈部粗短，和身体不易区分，体毛短而细，呈淡褐色，背部稍暗，尾长略小于体长，粗圆有力，尾端、四肢和脚背为黑色。白鼻心的腿短而有力，尤其脚掌很大，有如婴儿一般，在趾端的尖锐钩爪平时收藏起来，一用力便向外张，这使得它能够在树上活动自如。赤腹松鼠，顾名思义，因其腹面为红色毛而得名，不过它的体色变异极多，有时尚可发现白化个体，甚至可以看到身上具有灰白圈、块斑或条纹斑的。全身仅头、胸、腹部和四肢为短毛，其余均为长毛，尤其尾毛极其膨大，故俗称"膨鼠"。每年3至6月间是赤腹松鼠的繁殖期，此时雄的赤腹松鼠会栖坐在树上，昂头引吭高"歌"，发出响亮、单调而持续的叫声。可不要小瞧这些叫声，它一方面可以吸引雌性注意，另一方面则借以划分领域。台湾的松鼠一般自行筑窝，很少利用现成的树洞做窝。松鼠的窝直径大约在40~60厘米之间，为椭圆形，多数位于大树上，有时也做在竹林里，外围以竹枝枯叶框成，层层内包。

当然，除此之外，在垦丁的哺乳类动物群体中，还存在着其他更多的种类，它们的存在与繁衍生息，让垦丁的世界充满了生机与活力。

## 翱翔天际之鸟类

地下走兽，天上飞禽，仅仅认识垦丁园区的哺乳类动物，还远远满足不了人们对大自然的热爱之心！来垦丁，怎么能错过主宰天空的鸟儿们呢？何况垦丁园区内的鸟类资源是如此的丰富，特别是每年秋冬之季，大批候鸟由北方飞到此处觅食、过境，蔚为奇观。下面我们就剪辑一下鸟儿的掠影，将之拉近、放大，让我们来进一步认识垦丁，认识垦丁飞翔着的灵动！红尾伯劳、赤腹鹰、灰面鹫为本区最具代表性的过境鸟。

<u>红尾伯劳</u>：它是本区最具代表性的过境鸟之一，在灌丛或开阔地区活动，我们往往会在不经意间发现红尾伯劳的身影。然而，观赏红尾伯劳的最佳时间应该是大约农历白露前后、

◎红尾伯劳

五　造访垦丁动物世界

◎灰面鹫

◎"起鹰"奇观

每年九月落山风初期时，因为此时它们飞临恒春半岛，族群数以万计，漫山遍野，嘎嘎叫响，算是候鸟群的先头部队，因此又称"白露鸟"。红尾伯劳族群繁殖区在东北亚，度冬区在东南亚；每年秋季南飞，春季北返，迁徙数千公里，在台湾短暂歇脚数日，略微补充恢复体力后，旋即群飞离去；大部分为过境候鸟，少部分为以台湾为终点站的冬候鸟或迷鸟。

各种鸟儿都有着自己特立独行的生活习性，红尾伯劳也是如此。它们喜欢独来独往，习惯站立在旷野突出的高枝上，以鸣叫宣告对领域的占领，然后见地面昆虫即飞扑而下掠食，再重回高枝伫立。红尾伯劳在晨昏时刻最为活跃，如果你想领略它们的有趣生活，最好能在这个时间来到垦丁园区。

灰面鹫：这是和红尾伯劳有着很多相同生活习性的鸟类，它们也是在东北亚地区繁殖，在东南亚地区过冬，年年趁着东北季风南下，又借着西南季风北返。"落霞与孤鹜齐飞，秋水共长天一色"，这种美景在垦丁园区，也许是不能不去切身体会的一种美！而这种美就来自灰面鹫的成全。每年10月中旬，落山风狂吹的次日，就会看见大量的灰面鹫在恒春半岛上盘旋，于日落飞下满州停栖过夜，形成"落鹰"奇景。若是隔日晴天，便在黎明南飞巴士海峡，形成"起鹰"奇观。灰面鹫是垦丁地区知名度最高的候鸟。说到这里，便不得不提起台湾特有的一种鸟，那就是乌头翁。

乌头翁：为台湾特有的鸟类，属垦丁地区代表性的留鸟，分布于花莲、

## 图文台湾
### 台湾南部垦丁探奇

◎乌头翁

◎赤腹鹰

◎可爱小云雀

枫港连线以南,以北则是白头翁的天下。乌头翁与白头翁关系可是非同寻常。据推测,乌头翁先进入台湾岛,因种源隔离演化成岛屿所特有的种类。后来另一批血缘接近的白头翁从亚洲大陆移入台湾,竞争的结果,将乌头翁挤到了东南偏安。这种大陆生物与岛屿生物竞争所造成的地理分隔现象十分有趣。

垦丁的乌头翁最"长"情了。落山风在4月间才止歇,乌头翁的嘈杂声响已然压过风声,区内处处可以听到它们的"叫春声"。乌头翁喜欢将爱窝盖在枝多叶密的大叶山橄榄树,这种树在青蛙石有一大片。

赤腹鹰:赤腹鹰属于鹫鹰科,为春秋过境鸟。雄鸟头至背部呈铅灰色,腹部呈淡棕色;雌鸟的腹部淡棕但有细致横纹。飞行时,羽翼短而尖。常栖立于枝头,以俯冲或空中追赶的方式猎捕食物。每年秋天过境垦丁的赤腹鹰超过十万只。

小云雀:与以上的鸟儿们相比,小云雀显得普通了很多,可是在垦丁的天空中,是绝对少不了它们的歌声的。小云雀属百灵鸟科,比麻雀略大,有白眉斑及冠羽,活跃于空旷草原地,觅食昆虫、草籽。虽说是"小"云雀,可它本事不小,可以说是鸟类家族的侦查员,有着空中鼓翼的看家本领。据说,为防猛禽掠食,鸟群中必有一只候鸟,飞腾半空中侦察动静,因这一招定点半空中鼓翼的本领,被当地人俗

◎捕鱼能手鱼鹰

◎大冠鹫

◎大白鹭

◎凤头苍鹰

◎苍鹭

◎翠鸟

称"半天鸟"。除此之外，云雀虽小，却能给游客们带来一场听觉的饕餮盛宴，一只小云雀的鸣叫声，足以响彻整片草原，有"半空中风铃"的美誉。大尖山下草原、鹅銮鼻草原、龙磐草原，都能听到它们悦耳的鸣叫，尤其是在春夏繁殖季，垦丁园区因为它们的歌声而显得异常欢快活跃，充满了生机。

　　垦丁是理想的赏鹰地区，日行性猛禽类约15种，其中候鸟10种，包括灰面鹫、赤腹鹰、鱼鹰等，5种留鸟，包括大冠鹫、凤头苍鹰等。它们在高高的蓝天中，共同表演着鼓翼、盘旋、滑翔的美妙姿态。秋冬季，度冬的水禽候鸟多栖息于龙銮潭地区，雁鸭科等鸟类大多悠游于潭畔，常见的有小水鸭、鸬鹚、苍鹭等；春夏季，常见的有翠鸟、白鹭、白腹秧鸡、栗小鹭等。

◎黄裳凤蝶

◎大红纹凤蝶

◎玉带凤蝶

此外，其他各种雁鸭、鹬行鸟科等水鸟遍布于湖泊、沼泽、池塘。山鸟也会飞抵高海拔山区过冬。这些候鸟与留鸟一起为垦丁构筑了一个生动活泼的鸟类世界。

## 花丛舞姬之蝶类

"穿花蛱蝶深深见，点水蜻蜓款款飞"，蝶舞花间，实在是一派醉人之景，此番景象，在垦丁多有可见。垦丁公园内气候温暖，四季均有植物开花，为蝴蝶幼虫提供了丰盛的食物，使多种蝴蝶能够在此间栖息繁衍。垦丁公园为罕见的高密度蝴蝶产地，园区内蝴蝶数目多达216种，占到台湾产蝶类总数400种的大半。对于喜欢蝴蝶的人来说，基本上都能在垦丁园区遇到自己最爱的一种，但是最常见的种类有大红纹凤蝶、玉带凤蝶、端红蝶、青斑蝶、黑点大白斑蝶等。其中黄裳凤蝶是本区特产而又数量稀少之大型品种，外貌华丽，极具观赏价值。

黄裳凤蝶，又称"黄裙凤蝶"，为凤蝶科，是垦丁的代表性蝶种。黄裳凤蝶也是区内体形最大的蝶种，展翅可达14到17厘米，后翅黑底金黄斑纹是其特征，看上去仿佛是穿上了金色的衣裳，非常美丽。凤蝶科除了黄裳凤蝶之外，还有大红纹凤蝶，以其下翅尾状突起上有明显的红色斑纹而得名。黄裳凤蝶与大红纹凤蝶，黄色与红色，演绎着蝶类世界的尊贵与绚丽，可谓是蝶之世界的领舞者。

当然除了这两种蝴蝶外，值得介绍的还有玉带凤蝶、端红蝶、琉球青斑蝶、黑点大白斑蝶这几种主要的蝶种。

玉带凤蝶属于热带蝶种，和黄裳凤蝶、大红纹凤蝶一样，也是凤蝶科的一种，其特征就是身上长有白底黑斑带，雄蝶下翅有一列白色斑形成的带状斑纹。端红蝶，为台湾最大型的粉蝶科，最明显的特征是翅膀表面白色，上翅翅端附近有大块橙红色斑。琉球青斑蝶，属蛱蝶科，翅膀呈黑褐色，有青色条状斑纹；全年可以看到，但在落山风期，会集体躲到珊瑚礁背风处过冬。黑点大白斑蝶，长有白底黑斑纹，它们还有个可爱的称法就是"大笨蝶"，因为体形大，采花蜜时容易被人手捉到。翅宽像滑翔翼，懂得利用气流于高枝间滑翔。

蝴蝶光鲜亮丽的外表，是"来"之不易的。经过卵、幼虫、蛹、成虫，从最丑的毛毛虫到最美的蝴蝶，经历了痛苦而戏剧性的变态过程。

就让我们到垦丁，从近处好好观赏这些"花丛舞姬"吧！

## 穿越林间之两栖类

两栖类动物的体表没有鳞片，具有腺性皮肤，可以分泌粘液，而使身体经常保持湿润，因此它们活动的范围不会远离池塘、沼泽、小河川、田间水沟、水田、地下水渗出处及密林附近的小水潭，所以在垦丁公园内，见到两栖类的种

◎端红蝶

◎琉球青斑蝶

◎大白斑蝶

◎盘古蟾蜍

◎台湾莫氏树蛙

◎褐树蛙

◎金线蛙

类与数量最多的地区是南仁山区的沼泽、水潭、森林游乐区以及社顶自然公园的森林底层及潮湿处。

"黄梅时节家家雨，青草池塘处处蛙"，虽然不是说垦丁的景象，然而却与垦丁的神韵有异曲同工之妙处！垦丁范围内可以看到的两栖类动物为青蛙和蟾蜍，它们有多重类别，其中主要有黑眶蟾蜍、盘古蟾蜍、莫氏树蛙、褐树蛙、金线蛙、小雨蛙。

黑眶蟾蜍：其体色变化多端，由黄褐色到深褐色都有，其眼眶和吻部附近有明显黑色隆起棱崤围成的眼眶，因而得名。在眼后长有一个巨大的腺体，称为腮腺；身体的外表皮层非常的粗糙，身上布满了大大小小的颗粒状凸起的腺性颗粒。当遇到危险时，腮腺与这些颗粒会分泌一种白色液体，该液体具有毒性，能起到保护自身的作用。

盘古蟾蜍：身体凸起的特征与黑眶蟾蜍类似，但是它的眼球附近没有黑色围成的眼眶。体色从淡红褐色到暗褐色都有，最常见的是黄褐色。体形看起来非常的迟钝，行动也缓慢。

莫氏树蛙：通常为翠绿色，有时也会变为墨绿色，脚趾末端膨大为吸盘，身体腹部两侧有大型黑色的斑点。雄蛙在生殖季节，后腿股部侧面及脚趾为红色。全身外表光滑，前肢的基部也散布着黑斑。

褐树蛙：为台湾蛙类中体色变化最多端者，有时黄色，有时褐色，有时黑色，白色浅蓝色也有；生有吸盘状的脚趾；吻端和二眼之间有黑褐色横带，并向体背形成一倒三角斑纹；皮肤一般有小颗粒；前后肢之背侧有黑色条纹。

金线蛙：属于大型蛙类，身体背部、体侧为草绿色，背侧褶侧为黄褐色，背面经常有1~2条金黄色的纵带纵贯全身，身体背面和后肢散布着许多黑色的斑点，腹面为白色，整个身体的颜色和花纹往往构成很好的保护色，而不容易被察觉。

◎台湾小雨蛙

小雨蛙：个体类似三角形，身体背侧中央无背中线，背部的条纹为黑色，且为左右对称，整个背部的条纹看起来就如同两个人字上下相叠；背部体色从灰褐色一直到深褐色都有，腹部则为白色。

如若静静地在垦丁呆上一晚，也一定能收获"听取蛙声一片"的神韵。

## 全副武装之爬行类

爬行类的外表被有鳞片、骨片或盾板，通常具有四肢，指趾的末端有爪，一般都喜欢比较干燥的环境。垦丁地区内的爬行类有蛇、守宫、蜥蜴和龟鳖等，正是这些全副武装的生灵，让垦丁的世界变得神秘而又充满刺激。

## 图文台湾
### 台湾南部垦丁探奇

◎台湾红斑蛇

◎过山刀

◎台湾青蛇

**蛇类**：垦丁地区的蛇类种类繁多，主要有红斑蛇、过山刀、青蛇等。红斑蛇，即为赤炼蛇，身体红黑色相间，严格而言，其体色为红棕色，背部镶着黑色斑块，身体两侧并各有一列较小的黑色小块，腹面为灰白色，身体有恶臭，头部成椭圆形。过山刀，属于大型蛇类，不善爬树，但行动速度极快，头呈椭圆形，眼睛大且微凸，身体背部中央有一条土黄色的纵带，其两侧各紧邻一条黑色的纵带。青蛇，主要是以身体的颜色来区分，全身翠绿色，腹面则为黄色或黄绿色，身上无其他斑纹，为一极漂亮的蛇类。头部为椭圆形，性温顺，无毒。

**龟鳖类**：主要介绍斑龟和柴棺龟。斑龟，又名绿龟，背面有角质盾板，在头的两侧有黄色的条纹，但没有黑边，在背甲和腹甲之间有缝合线，在背甲每一盾板间有一大形的褐色斑纹，腹甲呈黄色，头顶圆滑。柴棺龟，俗称黄龟、金龟，属于泽龟科，腹甲后端凹入，背甲与腹甲之接合处有缝合线，头顶圆滑，躯干部呈黄褐色，头侧自眼部至骨膜有一条较宽的黄色条纹，背甲中央一般有脊。

**蜥蜴类**：主要是守宫、印度蜓蜥、丽纹石龙子和茟作氏攀蜥。其中，茟作氏攀蜥属蜥蜴常见种，头部大，全身粗糙，被捉到时不会自断尾巴，雄蜥在背部两侧各有一条宽的黄色纵带。背部的鳞片有鳞脊，排列成不规则，颈部的背部中央则有高起呈片状的棱嵴，且高度会大于基部的宽度。再就是人们比较熟悉但是叫法有些奇特的守宫了。守宫其实就是壁虎，为蜥蜴的一种，躯体略扁，脚趾皮瓣只有一列，尾巴基部膨大，背部尾巴有黑色波浪状的横带，背部看不出有凸起，不会鸣叫，体色变化大，从黑色至灰白色都有，腹面一般为灰白色，尾侧呈圆筒状。丽纹石龙子：属石龙子科，栖居于山区和平地空旷的草地、灌丛、石堆和农垦地附近。尾巴很长，且尾巴的后半截呈现亮丽的青色，越到尾巴的末端则颜色转深而呈现褐黑色，身体成灰褐色，且有数条黄褐色之纵带纵贯全身，身体两侧为黑褐色。最后就是印度蜓蜥，为中大型蜥蜴，身体外表光滑，身体两侧各有一条宽黑纵带，吻端较为钝圆，背部呈褐色，有黑褐色细纵带，腹部则为黄褐色。

## 异形高手之昆虫

昆虫是世界上最繁盛的动物，体躯分为头、胸、腹三段，有两对翅三对足。多数昆虫都经过卵、幼虫、蛹、成虫等发育阶段，一生形态多变化。垦丁地区的动物中属昆虫种类最多，其中较著名的包括竹节虫、台湾熊蝉、台湾大蝗、台湾粪球金龟、独角仙、多种锹形虫以及

◎台湾斑龟

◎柴棺

◎印度蜓蜥

◎竹节虫

◎台湾熊蝉

◎台湾大蝗

◎台湾相思树

◎大黑粪金龟

蛾类等。

竹节虫：体躯的体节分明，酷似竹子，因此竹节虫是自卫能力的高手，是善于拟态的昆虫之一；除了拟态之外，大多数种类能随不同的光、温度、湿度而改变体色。很多种类的竹节虫都没有翅。竹节虫属于夜间活动的昆虫，白天它们隐藏在树丛之间。它们主要以植物的叶子为食。

台湾熊蝉：为台湾产体型最大的熊蝉类。体色黑色，身体满布金橙色细毛，上翅透明，前半部翅脉为橙褐色。生活在平地、低海拔的乔木上。

台湾大蝗：为所有台湾产蝗虫类中体型最大者，成虫的体长通常为7~9厘米；全身翠绿色。成虫常栖息在相思树上。

大黑粪金龟：属金龟子科，俗名"牛屎龟"。体色黑色，身材浑圆粗壮，头部呈盾状，中央有一犄角。生活在平地至低海拔山区，以牛粪为主食。

金龟子：在所有昆虫中，金龟子可以说是最为人熟知的昆虫之一。体躯通常壮硕，呈卵圆形或长形；脚之跗节可分成五节；触角为鳃叶状。金龟子是甲虫类的一大科，种类甚多，因此成虫的栖息之地各异，有生活在树上的，也有栖息于地面的。

锹形虫：是台湾山区常见的昆虫种类之一，尤其是在炎热的夏天。锹形虫具有角，是由大颚特化而来的；全身几乎呈革质；体型颇大。

天蛾：天蛾的成虫前翅狭窄，飞翔肌肉十分发达，因此能做快速的拍击；除部分种类白天活动外，绝大多数种类都在薄暮或是黎明时分活跃。天蛾幼虫的躯体上常具有大型的眼点，这些眼点在平时并不显眼，一受惊扰，它们即昂起身体，将眼点暴露出来，并略微摇晃身体，企图吓退敌物。

鹿子蛾：蛾类大多薄暮以后开始活动，但有少数种类却能在白天活动，鹿子蛾就是其中之一。鹿子蛾是一种小型的蛾类，属于灯蛾科，最重要的特征是后翅的亚前缘脉阙如；体躯及翅上都具有鲜明的色彩，有黄黑相间者，也有棕黑色或蓝色金属光泽者。

## 其他陆上动物

至此，你印象中的垦丁也许已经是一个灵动的世界，因为有兔越山间，鹰击长空，蝶舞花间，更有各类两栖动物与奇特的昆虫填补我们内心的好奇。然而不只如

◎玲珑的金龟子

◎锹形虫

◎鹿子蛾

◎螃蟹居地

◎栖于树间的白高腰蜗牛

◎爬行中的班卡拉蜗牛

◎树林里的斯文豪长蜗牛

此,除了上述几类陆上动物之外,垦丁地区还生活着蜗牛和蟹类,也正是这些在地面上悠然生存的蜗牛和蟹类,让垦丁的世界在喧腾热闹的同时,多了几分让人镇定安宁的灵感。

在垦丁,蜗牛世家主要还是被青山蜗牛、白高腰蜗牛、左旋栗蜗牛、班卡拉蜗牛、球蜗牛、斯文豪长蜗牛等来统领。如果你认识了这些小东西,那么你对垦丁的蜗牛世界就算是了如指掌了。

白高腰蜗牛:属南亚蜗牛科,壳形为三角圆锥形,呈淡黄色,质薄而光滑,向右旋。喜欢栖息于树林间,有爬树的习性。

班卡拉蜗牛:属南亚蜗牛科,壳形呈低圆锥形,呈黄褐色,光滑,向左旋。喜欢栖息于潮湿温暖的树林、灌丛之中,有爬树的习性。

斯文豪长蜗牛:属扁蜗牛科,壳形呈长圆锥形,呈褐黄色或绿褐色,质厚而光滑,向右旋。软体呈深褐色,有两对触角。喜欢栖息于树林间,且栖息的位置较高,有爬树的习性。

陆上动物中,当然还有横行的霸王,那就是螃蟹了。在垦丁蟹类中,当属"椰子蟹"的知名度最高。

椰子蟹:属于甲壳纲,但它并没有"壳",身上只披着一层坚韧皮胄作为保护;一对钳子好似钢钳,能把筷子夹断。平常栖息于珊瑚礁洞、林投树丛里,觅食树种果实；春夏繁殖季才爬出海岸林，到海边潮地配对产卵。

还有黄灰泽蟹。在雨后的垦丁社顶公园或森林游乐园区内的步道上漫步时，一定不会感到孤单寂寞，因为体色呈黄褐色的黄灰泽蟹生怕游客苦闷，经常在小径旁闲逛，陪同游客一起游玩。

◎黄灰泽蟹

## 黑夜之"光"——萤火虫

在晋朝时，有一个名叫车胤的书生，家境贫寒，为了省下点灯的油钱，就捕捉许多萤火虫放在有孔的囊内，利用萤火虫发出的光来看书。这就是众所周知的"囊萤夜读"的故事。现如今，闪闪发光的萤火虫已成为人们观赏的美景，同时作为浪漫的象征，出现在许多影视剧之中。

萤火虫，其总体特征是，体型为小或中型，长而扁平，体壁与鞘翅柔软。前胸背板平坦，常盖住头部，头狭小，眼呈半圆球形，雄性的眼常大于雌性。腹部七至八节，末端下方有发光器，能发黄绿色光。常见萤火虫的光色有黄色、红色及绿色。雄萤腹部有两节发光，雌萤只有一节。但是台湾窗萤雌雄都有两节发光器，两者最大的区别在于雌虫为短翅型，而雄虫则为长翅型。亮灯是耗能活动，萤火虫不会整晚发亮，一般只维持两至三个小时。那么小小的萤火虫为什么能发光呢？这个功劳当然是来自萤火虫体内的一种磷化物发光质，经发光酵素作用后，能引起一连串化学反应，这些化学反应会释放出能量，其中只有约一成多转为热能，其余大多变作光能，即形成了我们所见到的萤火虫发光现象。

台湾的萤火虫目前记录有近50种，实际的种类数在60种左右，目前已知出现在垦丁"国家公园"的种类有20种，约占全部种数1/3，而其中更有许多

# 图文台湾

## 台湾南部垦丁探奇

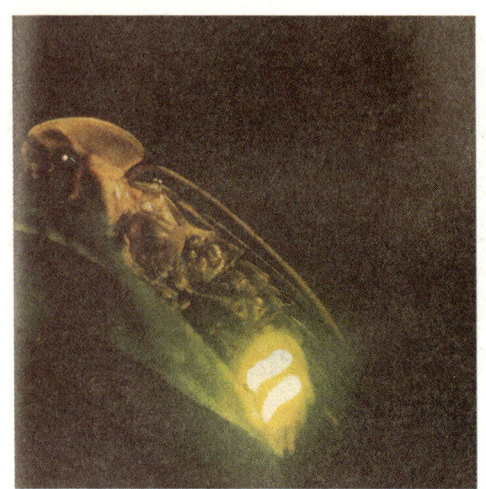

◎萤火虫之光

◎萤火虫的蜕变

种类仅分布于台湾中南部。以垦丁公园来说,它们多数只被记录于垦丁和玉山公园的东南低地,而在其他公园都难得一见。因此,垦丁公园的萤火虫资源相当丰富而独特,来垦丁一定要目睹这道黑夜中的"亮丽"风景。

垦丁之所以有如此丰富的萤火虫,是与垦丁的自然环境休戚相关的。

萤火虫是一种躯体翅鞘柔软、完全变态的甲虫,历经卵、幼虫、蛹及成虫四个时期。若以幼虫的生息地区分,其栖息的环境大致可分为水域、陆域与水陆交会处三类。水域环境可区分为流水域与缓水或静水域;陆域环境可区分为森林、森林边缘、草生地等开阔地以及较干旱的平地等四大类;水陆交会地带则不再分类。在这些多样的环境中,各有不同的萤火虫栖息其间,而有些萤火虫能适应二型或更多类型的栖地。

虽然环境如此多样,但是萤火虫对植被的需求却是永恒不变的。对栖息于陆域的萤火虫来说,植被直接提供了幼虫较湿润的环境、较多的隐蔽处所,并避免阳光的直射,间接提供了其食物来源;对成虫则营造了其求偶交配的环境,其重要性不言可喻。对幼虫栖息于水域与水陆交会处环境的萤火虫而言,虽然植被的需求不是很重要,但是在成虫期仍需依赖植被提供求偶的场所。

在垦丁公园范围内,目前较清楚的萤火虫分布地点有六处,分别是南仁山区、出风谷、满州地区、九棚地区、垦丁与社顶地区,其中垦丁与社顶的萤火虫栖地可以算是森林生态系，满州周边地区与南仁山区、出风谷等则是森林、草生地、河谷与开阔地型复合的环境，而九棚则是较干燥的海岸植被区。这些地区的萤火虫种类，除九棚为单一的优势种类（红胸窗萤）外，其他地区多为多种同域、同时发生的情形。在春末与夏季时，萤火虫的种类与数量繁多，而冬季萤火虫的种类则较为单调。

◎乖巧的台湾窗萤

九棚地区的萤火虫种类是相当特殊的一个例子。萤火虫幼虫喜欢潮湿的环境，海岸的强风和干燥条件并不利于幼虫的生存，因此一般在海滨很难发现大量的萤火虫幼虫。然而在九棚地区却栖息着大批的萤火虫幼虫，这不能不说是一大奇迹。该地区的优势种类为红胸窗萤。

另一个重要的萤火虫栖地是满州地区的森林与林缘。虽然森林在此地区道路两侧绵延分布，但在落山风的季节，迎风面的树林与有路灯干扰的路段，鲜少有萤火虫的踪迹。此间也有数种常见的萤火虫，如端黑萤、黑翅萤等，大多属熠萤类。熠萤是萤火虫科种类最多的一种，除纹萤外，雌、雄虫外型均相似，种内成虫之间以特定的闪烁发光形式做沟通，因而得名。熠萤类的幼虫是属于土栖性的种类，一般多在土表活动觅食。端黑萤的成虫全年都可见于密林与林缘地活动；黑翅萤一般多在林缘而较少在密林中活动。

天黑后，萤火虫"点亮"了垦丁，使黑夜中的垦丁毫不逊色于白天的景色。在垦丁宁静的夜晚，寻找这些"亮丽"的"夜之使者"，不失为一件美事，但一定要记住，避免将光直照草堆，因为萤火虫受光照射时，可能短暂时间停止发光，反而不容易找到它们了。

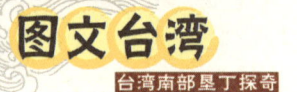

# 六 探访垦丁海底魅影

恒春半岛的陆地风光,已然令人目不暇接,而它的海底世界,更是美不胜收。

垦丁公园是台湾地区六个公园中唯一拥有海域的公园。这里的海域有黑潮暖流经过,年水温之变化在22℃到29℃之间,并且没有受大溪流沉积物排放的影响,水质清澈,温度适宜,适合多种生物生长。此外,垦丁海岸线的潮差大约为1至1.6米,这片珊瑚礁底质的潮间带及潮下带,布满许多的生物,为

◎ 色彩斑斓的珊瑚

它们提供栖息、产卵与掩护条件。

在这个广阔的海底世界中，不但有常见的红、白珊瑚，还有黄、绿、黑各色各样的软硬珊瑚；五颜六色、还闪闪发光的各种热带鱼，成群结队地穿梭于珊瑚林间；等待捕捉食物的龙虾，在礁洞中探头探脑；淘气的乌尾冬也不时游来凑个热闹……由珊瑚所构成的富丽堂皇的海底皇宫，五彩缤纷的珊瑚礁鱼类和各式各样的海贝、藻类，构成了绚烂瑰丽的垦丁海底景观。

## 缤纷绚烂之珊瑚

珊瑚丛可谓海洋里的花园，有"海洋生命银行"、"海中的热带雨林"之称。珊瑚类是恒春半岛海洋生态系中最重要的角色。从外观形态上，珊瑚可分为石珊瑚及软珊瑚两大类。石珊瑚具有坚硬的石灰质外骨骼，是建造珊瑚礁的主要种类；软珊瑚则仅有钙质骨针，群体柔软；垦丁海域内有250种以上石珊瑚，50种软珊瑚。软珊瑚虽则种类约50种，但数量多，尤其在后壁湖渔港与大石老鼓之间，以及雷打石至猫鼻头一带沿海的海底，覆盖着面积极大、生长稠密的软珊瑚，五颜六色，构成了美丽壮观的景象。此种景象不只在台湾海域仅有，在世界上也属罕见。在生态上，亦可将珊瑚分为造礁珊瑚及非造礁珊瑚两大类，其中骨骼坚硬的石珊瑚具有造礁能力。

可以说，垦丁海域藏有如此丰富的珊瑚类，是何其幸运的事情！珊瑚不是石头，它是有生命会成长的动物，至今很多人对珊瑚的认识依然存有很多差别，因此就让我们走进珊瑚的世界，去做一次细致的研究。

仔细观察，我们会发现，在一株石珊瑚外表的小洞里，有成千上万只珊瑚虫。珊瑚虫属腔肠动物，能分泌碳酸钙骨骼，不断地建造珊瑚礁。在珊瑚虫的细胞内有一种涡鞭毛藻类的"共生藻"，能进行光合作用，提供营养给珊瑚虫；此外，此种藻类还具有色素，赋予珊瑚多变化的色彩；更为重要的是，它能促进珊瑚的新陈代谢，加速骨骼的堆积。此种共生藻需要充足的日照来进行光合作用，因此，水深超过30米的海底较少有造礁珊瑚，水浊海域也较少。水温过高，共生藻将会被排除在珊瑚之外，而使珊瑚"白化"。

# 图文台湾

## 台湾南部垦丁探奇

◎角星珊瑚

◎细枝鹿角珊瑚

了解了珊瑚的特性之后，就让我们从石珊瑚开始，去认识一下这个"海洋的热带雨林"吧！

台湾的石珊瑚主要有角星珊瑚、细枝鹿角珊瑚、表孔珊瑚、管星珊瑚等几大种类。

角星珊瑚：属菊珊瑚科，群体呈半球形或不规则的团块形，呈黄褐色或绿褐色，潮间带的群体往往颜色较深。珊瑚虫中央是绿色，周围是褐色。通常分布在潮间带至水深10米处。

细枝鹿角珊瑚：属鹿角珊瑚科，群体呈分枝状，表面具有疣状突起。珊瑚虫很小，颜色有淡褐、红褐或绿色。通常分布在潮间带至水深5米内的礁区。

表孔珊瑚：属轴孔珊瑚科，群体呈叶片状，互相层叠。颜色呈黄褐色或绿褐色，珊瑚虫细小。通常生长在水深约5米以下、水流较稳定的礁石表面。

管星珊瑚：属树珊瑚科，珊瑚虫呈金

◎表孔珊瑚

◎变幻多彩的管星珊瑚

黄色，且触手多，成簇生长，收缩后呈短柱状，伸展的珊瑚虫形如花朵，鲜艳亮丽。底部具有圆柱形的骨骼，骨骼表面的组织呈鲜红色。通常附着在10米以下阴暗的礁石壁上或洞穴周围。

台湾软珊瑚主要有以下几种。

蓝珊瑚：属蓝珊瑚科，骨骼表面平滑，呈蓝色，珊瑚虫细小。躯体由许多直立的柱状分枝构成，整体呈半球形或不规则的团块形，呈暗褐色或绿褐色。通常生长在浅海礁石表面。

◎海底瑰宝——蓝珊瑚

肉质软珊瑚：属软珊瑚科，珊瑚虫呈细长的管子状，具有八支羽状触手，分布在盘部表面。群体由肉质组织构成，表面具有波浪状的褶曲，形似大型的花朵。通常生长在水深约5到20米、海流稍强的岩礁表面。

叶形软珊瑚：属软珊瑚科，珊瑚虫短小，茸毛状，密布于盘部表面。群体由肉质组织构成，呈黄褐色或蓝灰色，表面具有放射状的脊。通常生长在海流稍强的礁石平台或斜坡上。

◎柔软的肉质软珊瑚

## "海底花蝴蝶"——珊瑚鱼类

与珊瑚礁共筑这一五彩缤纷的"海底花园"的，还有色彩鲜艳的珊瑚礁热带鱼。垦丁海域拥有1000多种珊瑚礁鱼

◎礁石的外衣——叶形软珊瑚

类,以斑斓的彩衣、优美的泳姿赢得了"海底花蝴蝶"的美誉,正是这些美丽的鱼和珊瑚一起,演绎了垦丁生物世界的多姿与绚烂。

珊瑚礁鱼类的体色多变化,主要靠皮下色素细胞的收缩或扩张,具有在珊瑚礁间"拟色"保护或伪装掠食,以及辨认同类或吸引异性的功能,并具有警告某些生物的作用。

"靠珊瑚,吃珊瑚",是珊瑚礁鱼类依赖珊瑚的写照。分支的尖角珊瑚,可供鱼儿紧急避难或作窝栖息,小鱼找小缝隙躲藏,大鱼则在大洞穴里睡觉。有些鱼以珊瑚虫分泌的粘液为食,蝶鱼嘴尖喜欢啄珊瑚虫,鹦哥鱼愈合的板状齿则是连珊瑚的骨骼也一起啃。可是,珊瑚并非不具"杀伤力"的。珊瑚礁外表非常的锐利;而为防止被锐利的珊瑚礁刮伤,鱼类多半具有一幅厚鳞或浑身粘液作保护。

在垦丁公园,常见之鱼种有蝶鱼、盖刺鱼、雀鲷、隆头鱼、粗皮鲷等,因这些鱼有美丽的花色及多样的体型,往往成为最佳的观赏鱼类。

蝶鱼:蝶鱼科种类繁多,色彩艳丽,可以说是珊瑚礁鱼类中色彩与姿态都最美丽的一科鱼类,也是海水观赏鱼类中最主要的成员。蝶鱼的分布广泛,可以说全世界没有一处珊瑚礁海域没有蝶科鱼类的存在。主要集中在印度尼西亚附近海域,种类超过60种。在南海,包括台湾岛、海南岛、东沙群岛、西沙群岛及南沙群岛,已发现有蝶鱼48种之多。

盖刺鱼:珊瑚礁鱼类中外形最雍容华贵的莫过于盖刺鱼了。它们的数量不多,却最受潜水者和水族业者欢迎。

盖刺鱼和蝴蝶鱼在形态和血缘关系上都非常相近,但是盖刺鱼的体型较卵圆,色彩更艳丽,幼时的体色也与成鱼不同。此外,盖刺鱼因前鳃盖骨角有一枚向后的强棘而得名,绝大多数都分布在20米以内的珊瑚礁区。台湾目前记录有28种,和蝴蝶鱼一样,是种数全球排名第一的地区。

◎穿梭于珊瑚间的五线雀鲷

五线雀鲷:雀鲷科是沿岸珊瑚

礁鱼类中鱼种和数量较多的一科。雀鲷的形状按照所属种类的不同而有所差别，一般为体短而侧扁，卵圆或长椭圆形，头小，有圆形轮廓，背鳍一枚。

隆头鱼：隆头鱼科是台湾沿岸珊瑚礁的主要鱼类，其种类比雀鲷科还多。在体形方面差异很大，有发达的咽头齿，以小鱼、虾蟹以及软体动物等为食。

粗皮鲷：粗皮鲷科的鱼体形侧扁椭圆，尾柄瘦而强；两侧各有一个向前的尾棘或骨质盾板；口小而位置低；鳞片小但固生于皮肤，使得表皮粗杂如砂纸。

在海底花园，观赏色彩鲜艳的"海蝴蝶"穿梭于珊瑚丛中，别有一番惊艳呢！

## 基础生产者——藻类

海洋的绚烂与灵异，都离不开藻类，因为藻类是潮间的主要基础生产者，为多种海洋动物提供了食物、栖息、产卵或避难的场所。藻类是原生生物界一类真核生物，水生，能进行光合作用，体型大小各异。海藻对沿海附近生态系统的平衡发挥着重要的作用，对于海洋及附近的生态来说，藻类可谓是一大"功臣"。

垦丁海域的美，当然也离不开藻类的默默贡献。垦丁海域藻类十分丰富，已知藻类有134种，按照其生长水深的由浅至深，依序分为：绿藻类，如石莼、虎苔；褐藻类，如马尾藻、喇叭藻；红藻类，如龙须藻、小杉藻等。下面则分别以其代表藻类来认识一下各种藻类的特征及其生长习性。

石莼：可以说是绿藻家族的代表者，属于石莼科，呈草绿色，半透明，边缘不规则。春天时，在岩礁海岸的潮间带中部大量生长。

厚叶马尾藻：马尾藻是褐藻类的主要代表，厚叶马尾藻属马尾藻科，呈棕褐色，厚革质叶状体，呈椭圆形或倒卵

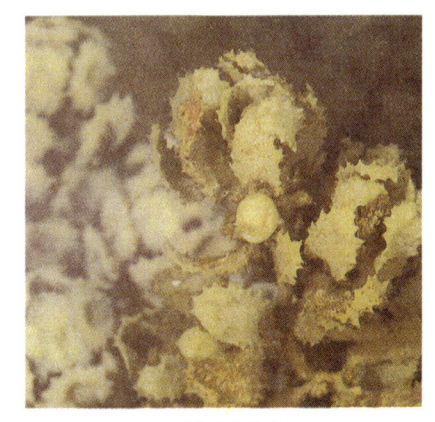

◎厚叶马尾藻

◎台湾松藻

形，边缘具粗锯齿，在顶端呈双锯齿状。分布于珊瑚礁海岸。

每当春季，马尾藻、松藻丛生海底，就像海底丛林，形成"藻海"奇观。

龙须藻：当然是红藻类的典型代表了。与其他海藻相比，龙须藻生长速度较快，可以大量吸收海水中的氮、磷等有机元素，因而增加其养殖规模，有利于缓解近岸水域的富营养化。大片的龙须藻随海水荡漾，也算是海洋中的一种柔美风情。

## 其他海底动物

垦丁的海底世界既是一个井井有条的系统，更是一个多元的五彩缤纷的世界，除了上述的海底动物和藻类之外，垦丁海底世界的成员还有海葵、螺、阳燧足、海胆、海参等。

日轮海葵：属日轮海葵科，触手呈带荧光的紫褐色或鲜绿色，尖端通常

◎嚣张的日轮海葵

◎海蟑螂

六 探访垦丁海底魅影

◎斑芋螺

◎漂亮的梅氏长海胆

呈紫红色，往基部的内侧逐渐长出许多淡色的细分枝。分布于珊瑚礁海岸。

海蟑螂：又称"海蛆"，呈黄棕色，身体扁平，长卵形。分布于礁岩海岸的高潮线以上，大多在岩石上及砾石缝隙之间活动。

斑芋螺：属芋螺科，螺壳呈圆锥形，壳皮呈黄褐色，具有数十个大型块状黑斑，排列整齐。吻内含有毒刺，毒性很强。

梅氏长海胆：属长海胆科，壳呈椭圆形，紫褐色。刺棘粗硬，呈白色、淡棕色、紫褐色或黑褐色。分布于珊瑚礁及岩石海岸的低潮线附近及浅海处。

蜈蚣栉蛇尾：属栉蛇尾科，全身呈黑褐色或具有不规则的斑纹，腹部呈淡黄棕色。常匿居于小型潮池的岩缝及岩石下。分布于珊瑚礁海岸的潮间带地区。

黑刺星海参：属海参科，体壁坚硬，红褐色与黑褐色参杂于体表，大量的管足密布其上，细小的淡色管足常粘附着漂流物。大多匿居于洞穴中，分布于珊瑚礁海岸的低潮线附近及浅海处。

◎黑刺星海参

- 57 -

## 七 垦丁史前文化之旅

### 天然考古实验室

　　从古代文化发祥来看，台湾虽然没有文化发祥中心地带的桂冠，而且，台湾也没有很多璀璨的古代文明及精致的古代遗留器物，但是台湾却毫不逊色地担当着人类学研究的自然实验室和考古学研究的自然实验室的角色，其在人类学和考古学方面有着极其优越的、得天独厚的条件。恒春半岛作为台湾的一个部分，是实验室中最重要的一角，而垦丁公园作为半岛的一部分，可以说是重中之重。

　　走过台湾各地区人类文化史的发展的长廊，我们可以发现无论是史前阶段还是在有了文字记载之后的岁月，恒春半岛绝没有因为"地处偏远"而乏善可陈。而恰恰相反的是，由南部的鹅銮鼻到北部的龟山，或由东部的八瑶湾到西部的垦丁，都在五六千年的台湾地区的人类文化活动发展的历程中，扮演着举足轻重的角色，演绎着不同的精彩。

　　放眼恒春半岛的人文史迹，正是台湾历史的一部分，也是中华文化史不容否认的一部分；更宏观地来看，自17世纪以来，它也是东亚甚至西方世界史上相当有分量的一部分。

　　人民群众创造了历史，垦丁的人文史迹也正是在这一地区人们的生产和生活当中得以产生、传承。早在史前时期，人类就来到这片土地，他们在这里留下许多的聚落活动遗迹，在这里写下了第一篇人类生活的史诗。从古至今，除了先住民外，属于南岛语系的排湾、阿美、卑南、西拉雅人，若干荷兰、英国、美国、日本地区的人群也都曾在此地区驻足，还有大批说闽南话和客家话的汉人，都因不同的理由，在不同的地理区域上留下了活动的痕迹。他们的足迹大多分布在地势平坦、腹地较广的道路两侧地区，少数则零星散布于田间和丘陵地区，产业活动以农业、渔业为主，集中在平原与沿海地带；丘陵及山地则主要为林业、牧业。在历史的时间与广袤的空间上，这一地区的人们都在垦丁的历史上书写着浓淡不同的一笔。

也正是在人类从历史发展的历程中，在适应其周遭环境、求取生存的过程中，这里的人民自觉或者不自觉地留下了丰硕而值得珍惜的古文化遗产，让垦丁的美除了自然的淳朴之美外，更多了几分人类的智慧之美，使得垦丁的美更加的丰腴饱满，让人寻味。就让我们追寻着人类历史发展的足迹，去一路探寻垦丁的文化之相。

## 垦丁十大文化相

在日据时期，恒春半岛地区的考古调查与研究就已经开始，当时研究学者多为日本人，台湾地区考古学研究第一个经由正式发掘、具有相当规模的史前遗址——垦丁史前遗址，就是由日本学者宫本延人发现的。

台湾光复以后，台湾地区的考古调查与研究继续进行，相继又发现了很多史前遗址，最先发掘的遗址是1950年因修建公路而发现的响林史前遗址；其后"鹅銮鼻第一史前遗址"发现于1956年，这一遗址被当时学者们认为是"真正位于台湾最南端的史前遗址"，即在现在垦丁公园内；1981年，观光局为了开发垦丁风景特定区，决定将鹅銮鼻灯塔西侧的礁林区域开辟建为公园。就在施工期间，在礁林空隙地铺设石板步道时，竟然意外地发现了早期人类物质文化的遗留，为了维护和深入了解这些遗留器物的历史意义和文化内涵，遂由专家学者进行了名为"台湾南端鹅銮鼻公园考古调查研究计划"的发掘保护工作，同时将这处遗址命名为"鹅銮鼻第二史前遗址"。

# 图文台湾
## 台湾南部垦丁探奇

◎垦丁遗址的挖掘现场

◎鹅銮鼻第二史前遗址出土的彩陶

◎鹅銮鼻第二史前遗址出土的靴型石刀

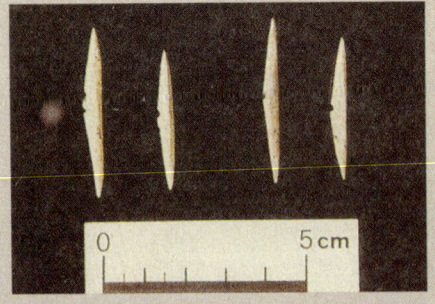
◎鹅銮鼻第二史前遗址出土的鱼钩

　　1984年垦丁公园管理处成立之后,随即展开公园范围及其邻近地区的史前遗址调查。人类文化发展到今天,有百分之九十九以上的时间是属于无文字记录的史前时期;史前时期开始的年代与结束的年代在世界各地并不一致,文化发展的水平与过程也不尽相同。根据调查报告的结果显示,人类最早在垦丁公园区内活动的记录可以溯及距今6500年前,并且依时代和文化内涵的不同,可划分为十个文化相,即鹅銮鼻第一史前文化相、垦丁史前文化相、鹅銮鼻第三史前文化相、鹅銮鼻第四文化相、响林史前文化相、龟山史前文化相、阿美文化相、排湾文化相、西拉雅文化相、汉文化相。每一个文化相都有着不同的人类文化活动遗留记录,具体地反映在不同器具、不同程度的人类生活水平和不同的社会组织方式等方面。

　　让我们透过历史与文化的传承,沿着先人的遗迹,走过垦丁的十大文化相,穿越历史的时间与空间,一同感受人类发展演变的深刻涵义吧!

### 1. 鹅銮鼻第一史前文化相

　　这是垦丁公园区内目前发现的最早的史前文化,亦即最早有人类文化活动遗留的记录,距今约有5000年。共发现两处:龙坑遗址和鹅銮鼻第二遗址,都在鹅銮鼻半岛上。

　　考古学上将早期人类文化演化的阶段分为旧石器时代和新石器时代。一般学者把旧石器时代晚期的阶段，又称之为"先陶文化"。恒春半岛上发现的这两处遗址，因出土的遗留中不见任何新石器时代的文化要素，而且砾石砍器和石片器的打制技术与亚洲大陆旧石器时代之砾石、石片器传统相类似，因此就将其归属于"先陶文化"。此外，该文化相出土的遗留还包括：古尖器、骨器、贝刮器。

人类文化遗留在一定程度上反映着先人的生活状态，这也是其价值的重要内涵之一。通过对鹅銮鼻第一史前文化进行考察，发现当时人类社会组织为一小群体的组织，并且仍是小群体居住聚落，但已有某种程度的定居；石器的制作仍属于亚洲大陆传统的制作；生活的主要方式为采集，狩猎次之，渔捞最后。这就为我们了解先祖生活填补了一段空白，让历史真正的有迹可循！

### 2. 垦丁史前文化相

如果说鹅銮鼻第一史前文化相呈现出来的史迹表明其仍属于"先陶文化"的范畴，那么在台湾地区发现的最早的新石器时代文化应该是大坌坑文化，其时间是距今约4000年或4500年。台北县八里乡大坌坑史前遗址是这个文化相的代表性遗址，因此而得名。大坌坑文化是新石器后期遗存的代表。

这种以绳纹粗陶和打磨石器并存为主

◎鹅銮鼻第一史前文化相中的贝刮器

◎龙坑遗址出土的石器

◎龙坑遗址出土的骨器

◎大坌坑遗址发掘

## 图文台湾

◎垦丁史前遗址出土的陶器

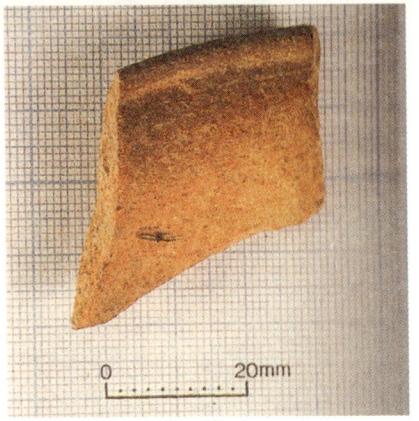

◎垦丁史前遗址出土的带稻谷纹陶片

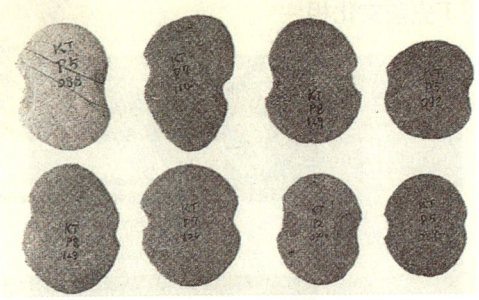

◎垦丁史前文化之砝码形网坠

◎垦丁史前文化之玉制铃形饰物

◎垦丁史前文化之玉制册形饰物

◎垦丁文化聚落复原图

要文化内涵的大坌坑文化出现在台湾本岛西岸的北部、中部、南部,以及澎湖群岛。在垦丁"国家公园"范围内,虽然没有发现大坌坑文化相的遗留,但是在垦丁史前遗址、鹅銮鼻第一史前遗址,以及其他几处史前遗址所呈现的史前文化或许可能是大坌坑文化的持续发展,因此就将这部分文化列为"垦丁史前文化相"。

垦丁史前遗址、鹅銮鼻第一史前遗址为此文化代表遗址。此一文化相出土的遗留主要包括:陶器、陶环、打制石锄、砝码形网坠、玉制铃形饰物、玉制册形饰物。

根据考古遗留发现，当时人类定居的聚落面积已经大幅度扩张，属于群体集中居住的村庄型聚落，位置一般选择在较开阔的地方；生活形态主要是农耕、渔捞、狩猎并重；食物已经有了固定的处理方式，而且食物的种类已形复杂，历史又跨出了一大步！

### 3. 鹅銮鼻第三史前文化相

"鹅銮鼻第三史前文化相"命名，肇因于1982年鹅銮鼻第二史前遗址的考古发掘。鹅銮鼻第三史前文化的年代，距今约为3000年。

该文化相以陶器中持续出现彩绘纹饰而引人注目。垦丁公园范围内的番仔洞史前遗址、龟山史前遗址和水坑史前遗址都出现过类似的彩绘纹饰绚片。

鹅銮鼻第三史前文化相的文化内容与前述的垦丁史前文化相存在着较大的区别：陶器所采用的工艺技术不同，并且网坠形制的石器的文化表现也有较大的变化。此外，在鹅銮鼻第三史前文化中发现的鱼卡子和连结式鱼钩等文化内容，皆未曾在垦丁史前文化中发现。

◎鹅銮鼻第三史前文化相之打制石斧

鹅銮鼻第三史前文化相主要出土的遗留有：陶片、陶纺轮、陶环、打制石斧、磨制石斧、陶器。

根据相关的研究显示，此一文化相时期的聚落位置的选择较封闭，似具有防御性的目的；但是人类对于海域资源的认识与掌握，有其特殊的表现与依赖；农耕活动的重要性有相对的降低，而狩猎、采集仍为重要的生存方式。

### 4. 鹅銮鼻第四史前文化相

鹅銮鼻第四史前文化相在年代上，距今约有2500年。

在器物制作风格、形制与工艺技术的表现上，鹅銮鼻第四史前文化相与

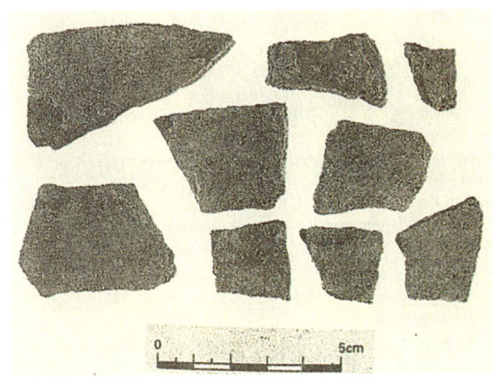

◎鹅銮鼻第四史前文化相之素面陶

◎鹅銮鼻第四史前文化相之马鞍形石刀

◎磨制石锛

鹅銮鼻第三史前文化相之间有明显的直接传承关系。此外，在文化层的堆积上，前者代表性的鹅銮鼻第二史前遗址与后者代表性的番仔洞史前遗址见到有二者上下直接叠压的现象，这样就进一步证实了二者的传承关系。

鹅銮鼻第三史前文化相以陶器工艺中含彩绘纹饰为特征，而鹅銮鼻第四史前文化相则以没有纹饰的夹砂素面红陶为主流。鹅銮鼻第二史前遗址为其代表遗址，主要出土的遗留有：马鞍形石刀、磨制石锛、陶片、陶纺轮等。

根据研究显示，当时人类定居的聚落占地仍较为狭窄，群体分散居住的聚落逐渐有群体集中居住的趋向；聚落位置选择在空间较为开阔之地；对海洋资源的依赖显著降低，农耕活动显著增加，渔捞、狩猎、采集仍为重要的生产活动。

### 5. 响林史前文化相

响林史前文化相所代表的史前文化主要分布在港口溪的河谷区，即位于恒春半岛东侧、港口溪流域中游的响林史前遗址。响林史前文化相的命名就是由此而

◎响林史前文化相之岩砂打制的石板棺

来的。后壁山第一遗址是响林史前文化相的代表遗址。

早在1956年，就在此区域发现有陶片打制石斧、石锤等遗留，并发现一座长方形石板棺。此外，仍然发现了素面红陶，但是据专家称，此地的红陶陶质较为松软，与鹅銮鼻第四史前文化相所出土的素面红陶并不相同。

不过，遗憾的是，响林史前遗址早期因为修建公路而遭到摧毁，多次的实地调查都无法取得任何资料，甚至不能确认先前描述的遗址所在。这个文化发生的年代距今约为2700年，此一年代是参照鹅銮鼻第四史前文化相推测而得来的。

此一时期的文化表现适应与之前的海岸低地的适应形态不同，诸如采贝、渔捞等海域资源的活动几乎看不见了。

### 6. 龟山史前文化相

龟山史前文化相所代表的文化，在垦丁公园区内目前只存在于龟山史前遗址；经由新数据的出现，显示出后壁山第一史前遗址和台东县卑南乡初鹿遗址都有相同文化要素的物质遗留。

这个文化的年代发生在距今2000年前左右。考古发掘出

◎龟山遗址远景

◎龟山史前文化相之带状花纹陶

◎龟山遗址出土的陶片

◎阿美文化相之石杵

土的器物中，除陶器、骨器外，亦出现铁器，包括铁刀、枪头和镞。陶器的工艺技术表现相当特殊，但是纹饰上的变化最为瞩目，出现了带状花纹、人形纹、弦纹、几何纹、云雷纹、刺点纹和刻划纹等。

如此丰富的生态遗留，显示出当时的人类已学会充分利用河海口地理环境资源，并以猎杀陆地哺乳类动物为主要的生活模式。最为有趣的发现是，当时的鹿科动物骨骼遗留数量非常的大，据专家推测可能是聚落进行交易的商品。

### 7. 阿美文化相

阿美文化相，以阿美文化为代表，其存在的年代大概早至距今1500年前后。

阿美人分布于花莲至台东一带的纵谷平原，以及台湾东海岸山脉外侧的海岸平原，是台湾目前高山族人口最多的一个族群。阿美人向下还可划分几个子族群；居住在恒春半岛牡丹乡旭海村，满州乡响林村、九棚村、永靖村一带的阿美人属于南阿美族群，亦称恒春阿美。

阿美人的亲族结构是以母系社会、大家族制、氏族制为特色；亲族组织虽以女性为中心，但社会组织却是以男性为中心；生产形态以稻作农耕为主，另外还有海上及河川捕鱼，现如今狩猎已成仪式性及娱乐性活动；工艺技术以编篮及纺织较为精良，并能制作陶器。

垦丁公园内的港口路史前遗址，以及邻近公园区的溪内史前遗址为阿美文化的早期遗址。其中发现的遗留包括：石杵、瓷片、玻璃碎片、建筑遗存等。

### 8. 排湾文化相

排湾文化相，以高山族排湾人文化为代表；其存在的时间最早可推至1500年前后，或稍晚些。排湾人分布在台湾南部中央山脉东西两侧海拔500米至1300米的山地，主要居住地包括屏东县三地乡、泰武乡、玛家乡等，为台湾高山族第三大族群。

排湾人的社会组织以地主贵族及佃农平民形成的二阶级

◎南仁山司令台

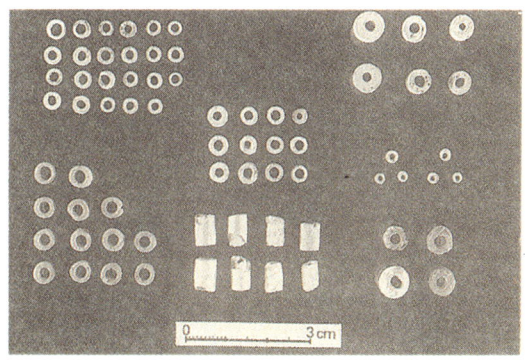

◎排湾文化相之墓葬配饰

◎排湾妇女

封建组织为特征，亲族结构是以长系继嗣及两性平权为亲系法则；生产形态以山地原始旱田农业为主，狩猎、采集、山溪捕鱼为副；木雕工艺最为发达。

垦丁公园内的南仁山史前遗址为排湾文化相的代表遗址，其中以砂岩石为建材的房屋建筑虽已倾塌，但是整个聚落保存仍属完整。发现的遗留包括：司令台、石臼、石板棺、有刃铁器、铜环、陪葬饰物等。

### 9. 西拉雅文化相

西拉雅文化相以西拉雅文化为代表，其存在的时间最早大约距今1200年。

从荷兰人占领台湾末期，一直到1804年以前，西拉雅人原来分布在台南、高雄、屏东三县境内。西拉雅人与汉人接触最早，移动也比较频繁；最初移居之地为中央山脉的边缘以及屏东县恒春地区，而与排湾人为邻。恒春半岛曾经是西拉雅人重要的活动区域。

垦丁公园内加都鲁史前遗址可能属于西拉雅文化相的聚落遗址。西拉雅人经过汉化以后，其固有的文化已经不存在，其语言也成为死语，因此已难寻原迹，对该相的深入认识实属有限。

### 10. 汉文化相

汉文化相，距今约300年，以早期迁居台湾的汉人移民文化为代表。

恒春地区（即当时称为琅峤地区）最早的汉人移民，可上溯到南宋末年帝昺（即1278年）崖山之役失败，渡海逃遁到台湾的人；而有规模的拓殖移民则迟至明朝永历十五年（即1661年），当时朝廷颁布了文武官员、士兵、百姓的开垦章程之后才出现的。汉人早期开拓到垦丁地区已经是在清朝光绪三年（1877年），而垦丁公园内的鹅銮鼻的兴建更是迟至1882年。

汉民族的移入，对台湾的历史产生了巨大影响。明朝末年早期汉人的移入，带进了文字，结束了台湾已经持续长达5000年之久的史前时期，其后台湾便进入了有文字记载的"历史时期"。

# 八　垦丁景点走透透

　　垦丁"国家公园"可以按照其地理环境，自西向东依次分为四个区域：西海岸地区、垦丁地区、东海岸地区以及南仁山地区。四个区域各具特色，各有风情。西海岸地区给人以静谧空旷之感，这种宁静之感主要来自红柴坑、关山、白沙湾、猫鼻头公园、后壁湖渔港、琼麻工业历史展示区、龙銮潭等景点的赐予；垦丁地区主要包括南湾、垦丁森林游乐区、社顶自然公园、垦丁牧场、大尖石山、垦丁海水浴场、青蛙石、垦丁青年活动中心、小湾沙滩、船帆石、香蕉湾海岸林、砂岛、贝壳沙展示馆等，满含着热带的风情，又不乏人类文明智慧的结合；东海岸地区更具备了海天相连的气魄，主要包括鹅銮鼻公园、龙坑、龙磐、风吹沙、佳乐水等；南仁山地区主要包括南仁山生态保护区、南仁湖等，其中南仁山是寻觅原始生态的神秘与魅力的必去之处。

## 静谧空旷西海岸

　　走过红柴坑、关山，漫步白沙湾，徜徉于猫鼻头公园……处处给人以感观上的宁静与慰藉，这就是西海岸——垦丁让人修身养性的"后院"。

### 1. 走过红柴坑

　　红柴坑，其名源于著名树种——红柴，当然此处的美不仅仅在于它是红

# 图文台湾
## 台湾南部垦丁探奇

◎让红柴坑得名的红柴

柴的密集地区，还在于其附近海底美丽的珊瑚以及红柴坑渔港的特色渔家风情。红柴坑附近的海底，是垦丁地区珊瑚礁海岸分布最广最集中的地区。这一带的海底珊瑚种类多，海底景色也最美，因此许多资深的潜水者都会刻意避开人多的后壁湖和南湾海域，而选择到红柴坑和万里桐海域活动。

红柴坑渔港，是来恒春半岛体验渔家风情的最佳选择，它是恒春半岛上西海岸的小渔港，是一个只有300多户人家的小村子，居民普遍以捕鱼维生，每天下午港口都会有渔货交易。红柴坑渔港是垦丁地区"两大"游艇港口之一，知名度很高。在垦丁经营海上活动的游船，主要的基地有两个，最大的是在后壁湖港，其次就是红柴坑渔港。红柴坑渔港之所以成为著名的良港之一，则是得利于其优越的地理环境。这座渔港因为港口朝西，又有海岸丘陵作为屏障挡住强烈的东北风，因此在冬天时，虽然强烈

◎红柴坑渔港

的落山风吹袭着垦丁，然而红柴坑渔港却是风平浪静，与其他地方形成强烈对比，所以它具备了渔港得天独厚的条件，也成为人们体验渔家风情的首选去处。

### 2. 关山赏夕阳

关山的美，在于它将夕阳余晖演绎出了别具一格的风采，来关山赏夕阳落日，可谓是来垦丁的游客们的一大心愿。关山，又称高山岩，海拔152米，山顶上视野广阔，是纵观整个恒春地势、眺望垦丁公园的极佳地点。从山顶

◎龟山远眺

向北望去,可以看到高达188米的大平顶倾斜台地的完整剖面,以及沿途渔村的旖旎风光;向东眺望又可以观赏到龙銮潭、南湾以及鹅銮鼻一带的优美景致。然而最令人心动的则是在关山欣赏落日余晖,因为关山位于恒春半岛的西边,所以很适合在此欣赏落日美景。许多游客慕名而来,眺望关山绝佳的夕阳美景。尤其是"绿色太阳",更是一大奇观,即在夕阳落入海平线的一刹那,不到半秒钟,会呈现"绿闪光"现象。这种现象一般人用肉眼看不到,必须用双筒望远镜才能观测得到。

此外,关山高山岩寺庙,也是不能不去的地方之一。高山岩寺庙是附近村落的崇祀中心,香火鼎盛。该寺庙供奉的是福德正神(即土地爷),因此又称福德宫。该寺庙是依傍珊瑚礁岩所建造的,相传为乾隆年间恒春居民所发现的天然庙宇。据说福德宫建庙已有二百多年历史,庙门口有一口洞叫"智慧洞",从智慧洞口看不到洞底,原因就在于整座福德宫都是建在珊瑚礁岩石之上,庙的右侧有两个由珊瑚礁形成的天然岩洞穴,即二十四孝洞与十八罗汉洞,庙的西侧同样是珊瑚礁,上面长满了琼麻;珊瑚礁内部有一个天然岩洞,洞中昏暗而神秘。

此洞的上方有一条小路通往另一处值得观赏的景致——奇石"福灵龟",这块石头其实是一块珊瑚礁,从远处望去,犹如一只想要飞向空中的乌龟,当地居民把

◎关山夕照之美

◎飞来的"福灵龟"

它当作神龟供拜。民间传说，这块石头是五百年前从菲律宾被大风吹来的，因此也称为"飞来石"。然而这块"飞来石"并非如民间所说是飞到此处的，它是随着关山珊瑚礁隆起而一同从海底冒出来的巨大珊瑚礁块。

关山的美好景致都因为它的高度，然而如今立于垦丁公园高处的关山，在3万年前还藏于海面之下。那么是什么力量使关山"长高"成如今的面貌呢？原来关山所在的区域，从地质学分析，是由隆起珊瑚礁组成。垦丁公园所在的恒春半岛，位于菲律宾海底板块与欧亚大陆板块的边界，在板块的挤压中逐渐隆起，即属于地质学上的"隆起珊瑚礁"地形。恒春半岛大概以每年将近半厘米的速率隆起，造成目前垦丁地盘的高低位阶珊瑚礁石灰岩地形景观。而根据资料显示，关山的珊瑚礁岩层上升的速率为每年大约5毫米。关山经过"不懈的努力"，历经了3万年的不断"隆起上升"，才达到如今的高度。沧海桑田，自然的力量造就了如今的关山美景，也让夕阳余晖下的人们多了几分观赏美景之外的思考，不禁感慨万千！

### 3. 漫步白沙湾

漫步白沙湾，也许感受不到其他海滩的热闹与喧腾，但是在此，却可以独享其他海滩所缺少的宁静与纯真自然的原貌。"白沙湾"是一片长约500米、宽约40米的沙滩，从关山南下至上水泉右转约2公里，就可以看到这片美丽的沙滩。为什么叫白沙湾呢？这是因为该处的沙滩是由纯白的贝壳砂组成，因此沙滩格外的洁白，并因此而得名。沙滩的两端有美丽的珊瑚裙礁拱护着，白沙湾可谓是大自然在珊瑚礁中的美丽赐予。不仅如此，白沙湾的东侧有台地作为屏障，因此即使在冬天东北季风盛行之时，此处的海湾仍风平浪静，所以全年的任何时间都适合进行游泳、潜水、帆船等海上娱乐活动。

然而如此有名且美丽的白沙湾，却很少有游客光临，这主要是它的位置使然。垦丁著名的沙滩有南湾、大湾和小湾，这些沙滩都是位于垦丁主要公路沿线旁，游客很容易就找得到；唯独白沙湾，是唯一地处垦丁半岛西海岸上的沙滩，由于偏僻，较其他沙滩不易找到，因此才很少有人到此一游。而正因为很少有游客来此游玩，白沙湾是垦丁地区最宁静的沙滩，也很少被污染，仍然保持着一副纯真自然的面貌。白沙湾虽然游客少，无法和戏水者最多的南湾相比，但来到白沙湾的游客，仍可以享受在热闹海滩拥有的活动，因为仍有私人在此地经营出租阳伞、香蕉船、浮潜、水上摩托车等活动用具。其实在白沙湾，游客可以独享在其他热闹海滩所缺少的宁静。

◎孩子们的乐园——白沙湾

在宁静、淳朴的白沙湾上漫步，观赏浅海生物、海岸珊瑚礁地形的姿色，静谧中不乏突如其来的惊喜，何尝不是一次别具特色的私人之旅呢！

### 4. 徜徉猫鼻头公园

说到猫鼻头，也许不用过多的介绍，就可以想到其名称的来历，肯定是和猫有关。确实如此，猫鼻头位于恒春半岛西南顶端，其外形好似一只蹲伏的猫，因而取其名为"猫鼻头"，以"猫岩峙海"列为早期"恒春八景"之一。猫鼻头距白沙湾约3.5公里，全长5公里，宽3.5公里，为恒春半岛向巴士海峡延伸而出的突兀点，是台湾海峡和巴士海峡的分界点，与鹅銮鼻形成台

◎垦丁珊瑚礁海岸

◎猫鼻头怪石海岸

◎猫头鼻的珊瑚礁景观

湾最南的两端。

　　猫鼻头为典型的珊瑚礁海岸侵蚀地形,从空中鸟瞰,似女孩子的百褶裙,故有裙礁海岸之称。猫鼻头半岛地势西高而东低,受到长时间的波浪侵蚀、反复干湿、长期盐粒结晶、砂粒钻蚀及溶蚀等作用的强烈影响,形成以隆起的珊瑚礁海岸为主的地形,因此在大自然的鬼斧神工之下,有海蚀沟、海蚀壶穴、海蚀礁柱、崩崖、层间洞穴等奇特的自然地形,成为看海观石的好去处,也极具地形教学及研究价值。

　　正由于猫鼻头的珊瑚礁海岸侵蚀地形,该区的生物种类颇为丰富。海藻多种多样,由于冬天适合藻类的繁殖,海岸边处处可见到繁茂而绿油油的石莼、褐色的马尾藻、红藻等;珊瑚、软珊瑚覆盖海底,热带鱼、海鳗、虾、贝类等海洋生物种类繁多。而在蔚蓝清澈的海水、五彩缤纷的热带鱼和嶙峋古怪的珊瑚礁岩的相伴之下,随波摇曳的海藻等海底植物也更具观赏之美。

猫鼻头到后壁湖之间，有一巨大崩岩，称为雷打石，在其邻近的小海滩，环境幽雅，并有世界级的滩岩地形景观。

### 5. 流连后壁湖渔港

后壁湖是垦丁"国家公园"内最大的渔港，可容纳500吨级以下渔船350艘，每年4~7月以雨伞旗鱼、飞鱼、鬼头刀为主，10月至翌年3月以白皮、黑皮剑旗鱼等鱼获量最多，其他季节可见到不同的鱼获。在这里不仅可以认识渔船，也可以参观鱼市中有趣的拍卖过程。每当黄昏时，常可见本地民众、观光客流连其间，争购海鲜，极为热闹。

◎后壁湖渔港

◎高高瘦瘦的琼麻

猫鼻头经雷打石至后壁湖之间的海域，已划为垦丁"国家公园"海域特别景观区。这里海水蔚蓝清澈，海面以下处处是瑰丽的美景，珊瑚、鱼类等海洋生物种类之繁多，堪为台湾沿海之冠，世界上其他地区亦不多见。

### 6. 参观琼麻工业历史展示区

进入恒春地区，沿途上就会看到一棵棵像竹竿似的瘦长植物，即是琼麻。琼麻与洋葱、港口茶并称为"恒春三宝"。

琼麻属于龙舌兰科，原产地为墨西哥，叶尖长而有褐色的硬刺，在海岸遍植，可作为绿篱及军事上防御空降或阻延登陆之用；取其长叶纤维，可制

◎琼麻工业历史展示区的自动采纤机

为麻绳。

恒春半岛丘陵绵亘，土壤贫瘠，除灌溉便利地区种植西瓜、洋葱、水稻之外，丘陵地区多栽植琼麻，以供采纤制缆。1902年，有位日人技师田代安氏将琼麻幼苗移植于恒春热带植物特殊育场，因试验结果良好，也为恒春半岛带来许多的经济效益，因此在1912年，台湾纤维株式会社在此地设置恒春麻场，即为现今的琼麻工业历史展示区。恒春半岛由于风势强烈且多晴日，麻质坚韧优良，近五十年来，为全台湾琼麻工业之重镇。当尼龙绳尚未普及时，琼麻所制麻绳外销价格俏，为恒春地区农民主要经济收入，故有"琼麻抽丝成高楼"之称。目前麻绳已为尼龙绳取代，因此麻业逐渐式微，成为了夕阳工业。

然而，琼麻工业近五十年来对恒春半岛经济发展及民生有极其深远之影响。基于保存人文资产、展示地区性特色，于是从1984年5月起，政府就聘请专家勘察，将区内日据时期的建筑物、晒麻场、英制自动采纤机等原有设施加以整顿，并就恒春琼麻产业历史及其背景作了整体探究。之后就建立了"琼麻工业历史展示区"，以实体现场向人们展示南台湾工农业历史的演进，作为公民人文历史环境教育基地，为垦丁公园增加人文教育之功能。

"琼麻工业历史展示区"在恒春镇龙水里草潭路，南邻马鞍山，北临龙銮潭，西面为农业用地，占地约0.14平方公里。全区地势平坦，林木扶疏，区位环境相当良好，且交通很是便利，居龙銮潭、关山、猫鼻头等景观据点之间。

整个展示区主要是以琼麻整个发展的历史为中心，展示区内依现况加以保留展示，包括日据时期的琼麻厂房舍、水池、拉麻台等遗址，光复后之琼麻工业机械设备，并配合现有的自动采纤机、办公厅舍、轻便轨道、台车、晒麻场、琼麻园、地磅等，依展示特性规划出参观动线，并设置展示馆、简报室等系列解说设施，以期发挥人文历史环境教育之功能，并提供丰富之游憩体验。

### 7. 赏玩龙銮潭

龙銮潭位于恒春往猫鼻头途中，占地1.37平方公里，为恒春半岛的重要水利设施。潭面广阔，满水面积为1.75平方公里，平均水深3.5米，碧波荡漾，景色幽美而恬静。潭水经附近溪流相汇，由潭北人工泄水口北流，经四沟、头沟而注入保力溪，由射寮出海。从前其流域水源丰富，帆船等小型船只均可从射寮溯水而上，是恒春对外主要交通线之一，目前主要是供农田灌溉的渠道。

龙銮潭原本地势低洼，每逢雨季，附近田园都会被淹没，为农民带来很大灾害。日据时期虽曾计划建为水库，但终未实现；台湾光复之后，国民党政府于1948年筹拨专款，将龙銮潭建为水库，这样一来，不仅帮助农田水利之灌溉，而且形成美丽的风景地区，可谓一举两得。

1982年是龙銮潭最关键的一年，垦丁公园于那年正式公告成立，龙銮潭被划归为公园

◎龙銮潭的自然风光

◎小水鸭

内特别景观区。由于特别景观区的严格管制，人类的干扰被减少到最低，区内的生态日益丰硕，给鸟类提供了绝佳的觅食栖息环境，成为恒春半岛最有名的赏鸟地点。每年10月至翌年5月，许多候鸟如鹬、雁鸭等由寒冷的西伯利亚、中国大陆及日本等地向南迁移，部分留此过冬，让龙銮潭成为著名的"水鸟天堂"。这些候鸟的到来，为龙銮潭的湖光山色增添了不少自然情趣，也使当地更富观光价值。

龙銮潭的鸟类据该处调查有一百七十余种，其中候鸟就占了百分之六十。每年12月至来年4月，潭面上的最佳主角就是飞来过冬的雁鸭科水鸟，最多曾发现十二种，又以泽凫为主，数量最多达三四千只；其次是小水鸭、白眉鸭及尖尾鸭，一派寒鸭戏水之韵弥漫其间；而潭区体型最大的留鸟为鹭科，以大白鹭、中白鹭、小白鹭及牛背鹭为主，常在潭边活动，与当地的水牛形影不离。

为让游客有更好的赏鸟环境，垦丁管理处在1992年于潭边兴建龙銮潭自然中心，这是赏鸟的极佳据点。该中心内有一透明观景窗，并提供十余部望远镜和两套播放监视系统，有四处自然鸟类展示区。游客透过单筒望远镜，观赏泽凫、小水鸭悠游潭面，并且中心在潭边四周设置自动摄影机，将潭面各水鸟的活动情形立即显影在中心内的电视机上。该中心更备有丰富的图文、鸟类标本，介绍龙銮潭的沿革、生态环境，让游客一目了然。

## 充满热带风情的垦丁

垦丁的景观可谓是目不暇接，"蓝湾"的魅力与浪漫、游乐区自然植物景观和人工建筑的完美融合、牧场的"风吹草低见牛羊"、大尖石山上尽收眼底的海天一色风光、海水浴场的热闹与激情……都足以让每一个人流连忘返！就让我们走进垦丁，去体验来自热带的风情与激情，让身心去经历一次无与伦比的垦丁之旅！

### 1. 南湾

南湾，因为台湾最南的一个海湾而得名，又因其海水湛蓝，也称"蓝湾"。南湾距恒春约4公里，沙滩长约600米，弧线美，沙质柔软洁净，早年曾经以"金沙白浪"列为"恒春八景"之一。

南湾可以说是垦丁地区最热门的游憩景点，是非常受欢迎的海水浴场，海岸平坦，波浪适中，十分适合在海域游泳、滑水、驾帆船，或在沙滩上打排球、漫步、晒日光浴；尤其台风过后，波浪较高时，可看见许多好手，踩着冲浪板驭浪而行。

南湾两侧的珊瑚礁区，地形变化极多，盛产热带鱼、贝类、海百合等生物，景观非常丰富；加上改造海洋环境计划实施后，南湾成立了规模庞大的"人工鱼礁区"，吸引了许多潜水爱好者前来。同时本区鱼产量丰富，时常可以看见渔民使用拖曳网捕鱼的情形，每年4到7月的虱目鱼苗季时，可见到

◎印象中的金色南湾

◎海水浴场

渔民使用手抄网、塑料筏捕捉鱼苗；更值得"观赏"的钓鱼景象，则是每年10月至翌年3月东北季风来临时，南湾地区一种独特地用"空飘塑料袋"当浮标钓取鹤鱵鱼的景况。

## 2. 垦丁森林游乐区

垦丁森林游乐区，即为俗称的垦丁公园，海拔230~300米，面积共4.35平

## 图文台湾
### 台湾南部垦丁探奇

◎垦丁森林游乐园区建筑

◎垦丁森林游乐园区珊瑚礁植群

◎石灰岩溶洞

方公里，占垦丁公园陆域总面积的2.5%，原是排湾"龟亚角"社的山胞部落，因此从前也称"龟亚角"。日据期间曾经引进热带植物513种，台湾光复后继续由台湾省林业试验所恒春分所经营管理，当时称为"垦丁热带植物园"。1968年，台湾林务局在学术研究与娱乐兼顾的考量之下，将之整建为一座对外开放、极具南国风味的"垦丁森林游乐区"。垦丁森林游乐区是港口溪以南最大的森林园区，保留了大片原始的高位珊瑚礁植群，并有形成不易的石灰岩溶洞。

数千万年前，垦丁森林游乐区这一片土地还为海底世界，后因地壳变动而隆起为陆地，因此在园区内到处可以见到珊瑚礁岩，这些珊瑚礁岩都是由海生动物珊瑚虫的骨骸以及贝类遗骸、海藻等长期沉积而成。

垦丁公园拥有热带树种一千多种，为台湾第一座热带植物林，也是世界八大实验林场之一。整个公园分为植物景观与人工建筑融合的游赏区域、特有的地形景观和植物景观、原始珊瑚礁雨林带等三区域，其中原始珊瑚礁雨

◎垦丁森林游乐园区

◎茄苳巨木

◎银叶板根

◎石灰岩溶洞内部

林带并未对外开放。

目前开放给游客参观的共有17处游览据点，分为第一、第二游乐区。

第一游乐区从大门一进入园区就能看见，以自然植物景观和人工建筑相结合而成，依照顺序可依次到达茄苳巨木、游客中心、花榭、石笋宝穴、仙洞、银叶板根、观海楼、银龙洞等共10个景点。

茄苳巨木：茄苳是台湾常见的树，树干颜色暗红，上面有突起的"树瘤"。最古老的茄苳树龄已接近300年，它的根及树干攀附在一块珊瑚礁上，树干中间已经被蛀空。

　　石笋宝穴：为典型的石灰岩溶洞，洞内布满了钟乳石与石笋，为大自然的珍贵奇景。

　　银叶板根：银叶树是海岸林的树种之一，这里有一棵树龄长达400年的银叶树，因垦丁地处热带，潮湿多雨，造成根部为支撑树干，往上生长呈板状，发挥着支持及呼吸的作用。

　　仙洞：仙洞是大块珊瑚礁岩裂开所造成的，呈倒V字形，洞长137米，洞内各种景象皆为钟乳石凝结而成，在灯光掩映中宛如堕入幻化的世界里，令人叹为观止。

　　观海楼：观海楼高27米，是恒春半岛最高的眺望点，可眺望台湾本岛的最南端以及太平洋碧波中的兰屿，视野良好。

　　银龙洞：由珊瑚礁岩裂开所形成的，因为两侧岩壁贴满了闪亮的碳酸钙沉淀物，状如龙鳞，因而得名。洞长约30米，最窄处只能一人通过。

　　第二游乐区则以特有的地形景观与植物景观为主。区内共有植物1200多种，主要有椰子、橡胶、油脂树、药用树及一些热带果树等，浓荫夹道，红花绿叶相映成趣，佳景处处令人目不暇接。地形景观上可以欣赏到栖猿崖、垂榕谷、雨伞亭、一线天等景点。

　　栖猿崖：栖猿崖为高约20米的陡峭珊瑚礁，这里人为干扰很少，因此常有台湾猕猴栖息于崖顶。

　　垂榕谷：谷中清幽，并有巨大白榕气根自谷壁悬垂而下，蔚为奇观。

　　一线天：为高约十几米的珊瑚礁裂隙，自裂隙向上望，只见一线阳光自此下泄，故称"一线天"。

◎白榕

◎一线天

宽仅容两人并肩而过。隧道高深，只有到正午才能见到日头。

此外，每年还有大批候鸟自北方飞到此区过冬，数量之多，蔚为奇观。本区的海底也同样毫不逊色，海底的珊瑚景观缤纷绚丽，为垦丁公园装点出非凡的风貌。

### 3. 社顶自然公园

社顶自然公园位于垦丁公园的东南侧，面积为1.80多平方公里，与垦丁森林游乐区并列为垦丁公园的两大森林区。

社顶自然公园是垦丁地区最丰富的自然观察园地，有"大自然的盆栽公园"之称。园内拥有多变的地形景观及丰富的动植物生态，尤其是蝴蝶，此处是"国家公园"内首屈一指的赏蝶胜地。此外，受到强劲东北季风的影响，社顶还有姿态独特的"风剪树"。

全部园区以一条长达13公里的步行道连接各个风景点，步行道沿途都有详细而完整的解说牌与路线指引，沿路走来赏景十分便利。走在步道上，穿梭在珊瑚礁岩、灌丛草地与森林之间，几番峰回路转，景观变化多端。社顶自然公园全区步行观赏约需一个半小时，其中的小裂谷、五分亭、涌泉、小峡谷、白榕、大峡谷、迎风门、草原、涵碧亭、凌霄亭等景点都可眺望巴士海峡和太平洋，景致之美足以洗去步行的疲累。

◎赏蝶圣地

◎别具特色的风剪树

◎垦丁步行道

如果游客是在9月中旬到10月中旬期间游玩社顶自然公园,那千万不要错过社顶另一项重要的观赏活动——赏鹰。在社顶公园,每年9月至10月中旬早上天亮时分,都可以观赏到赤腹鹰及灰面鹫过境垦丁,凌霄亭是适合赏鹰的绝佳地点,同时也可以在凌霄亭眺望佳乐水一带东海岸的风景。

社顶自然公园内以珊瑚礁林形成的地形为主。在步行道东边的大峡谷,为一巨大的珊瑚礁岩裂缝,幽深狭长,长度超过50米,谷顶树林交错,仰望如一线天,景观奇特。

### 4. 垦丁牧场

垦丁牧场位于屏东县恒春半岛,建于清朝光绪三十年(1904年),可谓历史悠久。牧场占地11.49平方公里,是目前台湾最大的肉牛繁殖场。

此地区东北季风强烈,加之附近的井仔脚泉水量大、泉质又好,此地区非常适合牧草生长,成为最优良的放牧区。牧场共分六区,夏秋季牧草长的时期,风吹草偃,形成一整片绿浪起伏,呈现着北国旷野风味。在放牧区里还可看见牛群与白鹭丝共处的和谐画面,也算是垦丁的另一种风貌了。其中垦丁牧场的笼仔埔牧区,是唯一紧临太平洋的牧区,景色更是一绝。

◎美丽的垦丁牧场建筑

◎垦丁成群的牛羊

垦丁牧场的牧草如茵，而牧场的经营采取放牧方式。每年5~10月，草原一片青绿，在绿色草毯间，仿佛置身欧洲牧原，而举目又可以见到一群群牛羊徜徉于辽阔的青青牧场，时而微风拂过，俨然一幅"风吹草低见牛羊"的美丽画卷。

### 5. 大尖石山

由牧场遥望，可以看见一座突立陡峭的尖形山立于开阔

◎白云绿草大尖山

的草原之上，即大尖石山。大尖石山是垦丁公园的地标，只要是视野良好的地方几乎都能看到这座惹人注目的山头。

大尖山海拔318米，由松软的砂岩和页岩中的砾石块组成，并非珊瑚礁体，属于垦丁层泥岩里夹带的外来岩块，经过泥岩雨蚀后，才形成突兀的砾岩尖峰。因侵蚀的结果，造成三面绝壁，仅东面勉强可以攀爬，现在有步道可以前往。山顶上视野极广，恒春半岛的景色尽收眼底，尤其远处海天一色的景象，更令人心旷神怡。

### 6. 垦丁海水浴场

垦丁海水浴场，俗称大湾，位于垦丁公园牌楼大门正对岸，面临巴士海峡，背向大尖山，是台湾数一数二的美丽海水浴场。

垦丁海水浴场属于南湾海岸线的一段，海岸绵延千余米，沙质细白，海水相当清澈，海岸深度达50米，没有惊涛骇浪，也没有危险的暗礁，适合游泳、拾贝、弄潮，故有"大湾"之称。海水浴场的戏水期很长，连冬季都可见戏水的人潮。

◎青蛙石

◎珊瑚骨骸化石

### 7. 青蛙石

青蛙石位于垦丁海水浴场的左边,是垦丁村落南方突出的岸上小丘,主要由倾斜的中新世岩岸以及砾岩所组成,为当地明显的标志之一。青蛙石临海一面有珊瑚礁环绕,高度约61米,刚好又与位处垦丁森林游乐区前的观海楼遥望,若从观海楼高处向下望,其外形似青蛙正要跳跃下海,因此称作青蛙石。

青蛙石外围的地质系由带有小圆砾的火山岩所形成,处处皆可见到由海浪所侵蚀的凹壁、珊瑚礁及贝壳化石等等的奇特景观。除了地质景观外,其植物生态也是相当丰富的,如琼崖海棠、台湾海枣等在这区域是最常见的植物,原以台湾海枣最为繁茂,但由于该植物可食用又具观赏,因此大部分已遭损坏及拔除。而乌头翁最喜爱在琼崖海棠的树梢筑巢,因此该地区乌头翁的数量也属垦丁公园之冠,来此随时都可听到乌头翁悦耳的叫声。由于青蛙石的左侧为环礁,加之环山的关系,让落山风较不易吹入此地,因此青蛙石附近的海面较为平静无浪,加之海水清澈,故而成为良好的海上活动场所。

### 8. 垦丁青年活动中心

垦丁青年活动中心位于青蛙石海滨公园旁,面向巴士海峡,北临垦丁森林游乐区，视野广阔，景色壮丽。中心用地0.25平方公里，可供食宿、集会、训练之用。

垦丁青年活动中心建筑，由国宝级建筑大师汉宝德博士规划并设计的。建筑格局采用的是具代表性的三合院、四合院、三落院及祠堂、书院、客栈等闽式传统建筑形式，朱门白墙，红砖瓦屋，古意盎然，因此有经典闽南式建筑住宅博物馆之称。虽然建筑外观呈现传统风貌，但内部的规划设计却都是现代化设备，为垦丁公园内最具代表性的建筑物之一，亦是垦丁公园重要景点之一。

◎青年活动中心地理位置

## 9. 小湾沙滩

小湾海水浴场处在青蛙石的东侧，是一处充满海滩风情的据点。

◎垦丁小湾海水浴场

小湾拥有景色迷人的海岸线，范围虽然不长，却是最热闹的一段海滩。海边常有水上摩托车、香蕉船，偶尔有拖曳伞等等盛行的水上活动。此外，小湾也非常适合浮潜，该区域的礁岩群区里动物生态很丰富，海底孕育着许多色彩鲜艳的海洋生物，很有异国风情。

垦丁白天日头炎炎，大小湾的海边热可炙人，但入夜后却展现了最大的温柔，黄昏后与家人或朋友情人相约到大小湾，往往年轻的游客会点着火把，

# 图文台湾

## 台湾南部垦丁探奇

◎形似进港船只的"船帆石"

◎贝壳沙滩

把这片沙滩照得鲜活，有人就地唱起歌来，也有人随着海浪的节奏摇摆跳舞，这时的小湾呈现出另一种风情。

### 10. 船帆石

过了小湾，一路上都可以看见一块巨石耸立在浅海之上，仿佛张扬的船帆，因而称"船帆石"。船帆石高约50米，周围40米，石头上长满了灌木花草，成为鸟群栖息的窝巢。

为何船帆石会突兀地耸立在浅海之上呢？原来，船帆石是一块滚落到海边的珊瑚礁岩块，属于"崩崖"地形的一种。

### 11. 香蕉湾海岸林

由船帆石处往南步行约十分钟，即抵香蕉湾海岸林。香蕉湾海岸林是台湾最低海拔的森林，也是现存最完整的天然海岸林。

据说在古世纪，这批热带林的树苗从南洋一带顺着海流漂抵南台湾，在恒春的土地上生长繁衍，而渐渐成为茂密的森林，种类达两百多种。可是后来由于当地居民为了种植琼麻而砍伐树林，加之城镇、交通的开发，海岸林遭到严重破坏。垦丁公园成立之后，将此地划为生态保护区，仅供学术研究，一般游客禁止进入。这块保护区占地约0.02平方公里，拥有各类珍贵的热带树种，如蜡树、棋盘脚树、白水木、银树、琼崖海棠等，学术研究价值颇高。

### 12. 砂岛

砂岛海滩位于屏东县恒春半岛，在屏鹅公路约39公里处。砂岛并不是一座岛，而是拥有一片绵延220米长的贝壳沙的沙滩。砂岛的碳酸钙含量高达97%，是国宝级的自然资源，十分珍贵。

之所以形成如此奇特的贝壳沙滩，与此处的海水作用有关。在海湾处，海水波浪能量减低，因此海湾附近海域的贝壳、珊瑚长期受海潮冲击与侵蚀，由此被击碎研磨形成的细沙不断地堆积于湾内，因而形

◎砂岛贝壳沙展示馆

成闻名中外之"贝壳沙滩"。但是由于贝壳可作为项链、墙面装饰品等，因此曾引起淘沙热，砂岛遭到商人大量挖采，外销到夏威夷、日本等地，使这片罕见的沙滩面临消失的厄运。幸好在各方急切呼吁下，已将其列为生态保护区，禁止挖采，以保存这片上天赐予的珍贵的自然美景。

### 13. 贝壳沙展示馆

贝壳沙展示馆位于砂岛沙滩南侧，设立于1993年。垦丁"国家公园"成立后，砂岛被划为自然生态保护区，禁止进入及挖采，但是游客可以借由贝壳沙展示馆认识贝壳沙以及眺望砂岛沙滩。

## 海天相连东海岸

### 1. 鹅銮鼻公园

鹅銮鼻公园位于台湾的最南端，地势东陡西缓，沿岸布满珊瑚礁。"鹅銮"为排湾语，亦是指"帆船"。说到鹅銮鼻公园，不得不提的就是灯塔、珊瑚礁以及安居于此地的动植物了，这也是来到鹅銮鼻不得不看的景致。

鹅銮鼻灯塔为鹅銮鼻公园的标志，是垦丁的地标之一，也是"台湾尾"

## 图文台湾
### 台湾南部垦丁探奇

◎绿意盎然的鹅銮鼻公园

◎"东亚之光"——鹅銮鼻灯塔

的代表。灯塔兴建于清朝光绪八年（即1882年），塔身全白，为圆柱形，高18米，周长110米，外观以炮垒为建筑，并以炮台作为塔基，而且在围墙上设有枪眼，四周更设有壕沟，为目前世界上唯一的武装灯塔。

灯塔白色圆形铁塔内共分五层，第一层储煤油，第二层置格林炮、开花炮，第三层为洋人休憩所，第四层亦置格林炮，第五层则为光源所在。鹅銮鼻灯塔在1929年被定为"台湾八景"之一，但在第二次世界大战末期遭炸毁，如今我们所见的鹅銮鼻灯塔是在台湾光复后经过重新修复而成的。经过修复的鹅銮鼻灯塔，改建并换装了新式大型四等旋转透镜电灯，是目前台湾地区光力最强之灯塔，拥有"东亚之光"的美誉。日落后，灯塔发出明亮的光束照耀着四方。

鹅銮鼻的珊瑚礁可以说是其特色之一。1982年列为垦丁公园的史迹保存区，同时将灯塔前大片的珊瑚礁辟建为公园，并于1993年正式设立第二公园。鹅銮鼻公园占地0.59平方公里，是一个以珊瑚礁石灰岩地形为主的风景区。园内遍布珊瑚礁石灰岩地形，如冤家路、擎天石步道纵横交错，可通往好汉石、沧海亭、又一村、幽谷、迎宾亭等风景区。

鹅銮鼻公园不仅有着秀丽的景色，而且是动植物的天堂，植物约240种，如象牙树、黄槿、海柠檬、林投等热带海岸树种，还有那蔓性灌木、藤本，如山猪枷、枪树藤、三叶崖爬藤等种类，更可见到乌头翁、树鹊及那美丽的黄裳凤蝶、黑点大白斑蝶迎风飞舞。另外,如若在此守候到9月份,就会观赏到大批来自西伯利亚、中国大陆的红尾伯劳鸟过境,其场面之壮观,令人叹为观止。

在鹅銮鼻灯塔西北侧,有学者发现距今5000年前的"先陶文化"史前遗址,据考证,该遗址属旧石器时代晚期持续型文化。当时人类使用的陶器、石器以打制为主要特征,生活方式以狩猎及采集为主。后续又于2001年挖掘到3800年前的石棺、陶片、稻谷印痕,也找到了台湾很久前就已栽种稻米的证据。

### 2. 龙坑

龙坑位于鹅銮鼻半岛东边海岸的最南端点,区内海蚀地形和石灰岩地形十分明显,是目睹崩崖之累累巨石的最佳赏景之处。由于此地正处于太平洋和巴士海峡的交界处,海蚀作用强烈,故而出现崩崖、裙礁、峡谷、海崖、海蚀平台、显礁、海蚀沟以及海蚀壶穴等丰富的海蚀地形景观。又因此地多珊瑚礁石灰岩,在雨水的侵蚀下形成各种奇特的地形,如石灰阱、红土、岩沟等,颇具地形学研究价值。

和其他的景观相似,龙坑珊瑚礁区也有着美丽的草场和各种海岸植物,春夏之间杂花盛开,美不胜收。为了保护珍贵的自然资产,此区内设有龙坑生态保护区,龙坑生态保护区位于鹅銮鼻东方约1.5公里,面积约0.62平方公里,是东海岸最接近南边的一段,紧邻鹅銮鼻公园。龙坑生态保护区不但有着特殊的地形,更有着多达

◎龙坑珊瑚礁

215种的珊瑚礁海岸植物，也是适合许多鸟类及爬虫类生存生长的生态环境。因而保护区内，不论是珊瑚礁地形或是动植物生态都深具研究的价值。

在龙坑生态保护区旁，还有一处不可错过的景点——珊瑚礁台地。看到这片台地，就会明白此区为何称为龙坑，因为台地外形扭曲遒劲，活像一条呼之欲出的猛龙。

有些珊瑚礁台地隐约在一片鸟语花香之中。这是因为从管制哨到达珊瑚礁台地步行来回时间约一小时，前往的途中须先经过一段防风林，在那可听到台湾特有的鸟类如小弯嘴画眉等鸟叫声此起彼伏。走过防风林，映入眼帘的就是一片珊瑚礁台地，分布着许多特殊的植物生态，如草海桐、马鞍藤、蔓荆、白水木、水芫花等等。龙坑可能是全台白水木族群最庞大的地区。

◎龙磐公园

◎嵚崎的崩崖奇观

### 3. 龙磐

龙磐公园位于恒春东南方，沿着佳鹅公路从鹅銮鼻向北行，空军雷达站附近即龙磐公园。

龙磐风景区属于上升的石灰岩地形，区内经水溶蚀的地形非常发达，可以瞧见石灰岩洞、渗穴、崩崖等地形，非常的新奇有趣。尤其在近海岸边坡，常见到巨大的珊瑚礁体整块崩落的"崩崖"景观，那是雨水侵蚀加上重心外移的结果，顽童般的大自然调皮地推倒了一堆堆"积木"，却塑造了如此有趣的景观。沿着崩崖找寻，在海边礁缝或沙掩处，偶尔可见一颗颗拳头大小、千疮百孔状的石头，乍看下颇似珊瑚礁，拈在手里却出奇的轻，丢入海里还会漂浮，这就是昔称"有石"、用来磨锅底的"浮石"。

龙磐有一片大草原，接海连天，这一带的草生地，视野辽阔，不仅可东眺兰屿日出，北望北斗七星，还能向南观测南十字星座。所谓"南十字星座"，是指四颗星对角线连成的十字架状星座，位于南极附近，在子午线上时刻，上下两颗星延长线五倍远即南极点。从前航海家航海，北半球靠北极星指引方向，南半球则是靠南十字星座指引方向了。

◎蓝天白云下的龙磐风景区

### 4. 风吹沙

风吹沙是台湾珍贵的风蚀和风积地形景观之一，因河流与风力的共同作用，而形成沙河、沙瀑的特殊地形。冬季时，强烈的东北季风，将沙粒从海边吹上山崖，越过台地，直达西岸的船帆石，形成"沙河"。夏季方向相反，豪雨流注，携带沙粒，落下山崖，流至海边堆积，形成"沙瀑"。在冬季沙河、夏季沙瀑的动态平衡下，沙源不多也不少，造就"风吹沙"的奇景。

风吹沙位于屏佳公路的中间点，长约500米，宽约200米，距鹅銮鼻约5公里。如若来垦丁，此景不能不去一观！

◎镜头下的风吹沙

## 图文台湾
台湾南部垦丁探奇

◎佳乐水

◎出风谷大草原——佳乐水线景观

### 5. 佳乐水

位于恒春半岛东侧海岸上的佳乐水，地属满州乡，在此可以看到半岛上罕见的"岩石海岸"。佳乐水，原名为"佳落水"、"高落水"，意思为"从高处落下来的水（瀑布）"，指的是现今佳乐水区内的"山海瀑"。在1975年时，才将此地更名为"佳乐水"，取其安祥和乐之意。

"山海瀑"，乃是佳乐水景区内的一大奇景。佳乐水风景区内规划一条全长2.5公里的石板步道，由佳乐水风景区入口直通最里面的山海瀑。山海瀑是一高达30余米的瀑布，从海崖直落大海，是台湾罕见的临海大瀑布。山海瀑由三条溪流汇流而成的，分成两段，上断水注密集，下断水由石缝流出。在岩际沟水中，有鱼类、龙虾、九孔、海菜等生物。山海瀑的源头有一片视野宽广辽阔的大草原，上面长满亮丽的野花，别有一番风情，是值得一游的地点。

佳乐水风景区因位在恒春半岛东侧的海岸上，背山面海，濒临太平洋，地质属砂岩侵蚀海岸。因为地壳变动、强风和海浪的长期冲击，区内地形上形成了各种不同的奇岩怪石，因此佳乐水风景区素有"海神乐园"的美誉。

风景区海岸线的蜂巢岩、壶穴、棋盘石、海蚀平石等地质形态，还有那栩栩如生如兔石、球石、海蛙石、方格石、蜂窝岩等各种造型，犹如构成了一座天然的地质博物馆。

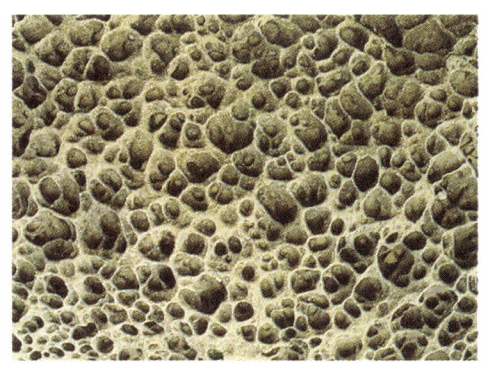
◎蜂巢岩

# 原始生态南仁山

### 1. 南仁山生态保护区

南仁山生态保护区在垦丁公园东北部，位于屏东县满州乡南仁村。南仁村坐落于群山之中，是一个远离尘嚣的世外桃源。村庄的四周山区是南仁山区，广达五千多公顷，是一处未被破坏的雨林区。

南仁山生态保护区为天然热带季风林雨林，是台湾仅存的低海拔原始林。因受到特殊的季风及雨量季节的影响，有非常丰富的生态景观。同时拥有丘陵、山谷、沼潭、溪流、山坡、草原等变化多端的地形地势，并出现少见的"植被压缩"现象，且因位置偏僻，交通较不方便，罕有人迹。区内孕育着2000多种植物及各类野生动物，包括1200余种高等植物、129种蝴蝶、近100种的鸟类及多种哺乳动物、爬虫动物等，可说是垦丁"国家公园"的精华所在，因此被划为"生态保护区"。

曾任垦丁公园管理处处长的施孟雄曾经说过这样一段话："猫鼻头、鹅銮鼻、佳乐水及垦丁森林游乐区，虽是恒春半岛上颇受重视的风景据点，但并不是垦丁国家公园的'王牌'。我们的精华是人迹罕至的南仁山，这里是台湾海拔五百公尺以下、唯一未被破坏的山坡地，它现存的热带原始林，可供我们了解本岛远古的生态环境。南仁山区内共有二千二百多种不同的植物，

◎南仁山风光

◎相思豆

其中有不少独特种属,如锈叶野牡丹、南仁山新木姜子、恒春福木等。台湾全境的植物种属占世界的三十二分之一,不过四千余种;而在不到五十平方公里的南仁山区,就可以找到一半左右。"

观赏此区可以选择从生态保护区管制站开始,一直通到南仁湖为止的一条自然步道,全程具体而微地展示了南仁山的生态特征。沿步道行走,随时都可能给你带来惊喜:形似杂草、七八月间会将整片山坡铺满的紫色野牡丹,山径边结着淡红色果实的珊瑚树,树下可找到圣诞时变成花环挂在门上的铁雨伞,人见人爱的台湾红豆树艳红的种子相思豆,叶子正反面都长着一对长刺的双面刺,开着小紫花的钉地蜈蚣,全台湾只有这方圆一百米的范围内才有的莎草蕨,爬在树上的大果榕的树籽……真是举不胜举,正是这些多色多样的植物,共同演绎着南仁山四季的璀璨景色。

### 2. 南仁湖

南仁湖位于垦丁公园东北角的南仁山生态保护区内。南仁山生态保护区内有中央水域、独立南仁湖及宜兰潭(或称南仁古湖)三个终年不枯的湖泊。通称的"南仁湖"是指中央水域,也是其中最为出名的。南仁湖汇聚了山上的雨水和山泉水,是一个天然的淡水湖,更是南仁山水域中最大的静水生态系统。南仁湖原只是数个小沼地而已,但经常年的雨水汇集及人工筑堤堵塞,

◎魅力南仁湖

而形成了现今的1.50平方公里的面积，步行环绕约需三小时不等。

南仁湖面积广大，湖水静谧怡人，湖畔草木青翠。湖畔以水生植物为主，较为常见的植物有水毛花、野荸荠、银莲花等；因有大量的水生、湿生植物，所以南仁湖也提供了雁鸭科或鹭科的栖息地及最佳的食物来源。

## 九　美丽垦丁周边游

来到垦丁，欣赏垦丁的景观之余，垦丁的周边也有不可错过的美好景观。垦丁周边的美丽景色丰富了游客的垦丁之行。

### 原南台湾的海防要地——恒春

◎恒春西门

恒春，位于台湾的最南端，为台湾海峡、巴士海峡、中国南海和太平洋的交汇之处。又被称为"台湾尾"，古代称"琅峤"，从排湾语"兰花"音译而来。清朝时，为汉人聚落发展、集中的据点。同治年间，因为"牡丹社事件"，日本出兵入侵，当时任钦差大臣的沈葆桢奏请朝廷在此设县建城，并将其更名为"恒春"，寓意地居台湾极南，四季如春。恒春经历了时间的洗礼、岁月的变迁，在这里，不仅仅有着让人赏心悦目的自然之景，更有着耐人深思的历史遗留，每一处，都将唤醒人们对历史的回忆，每一个景点，都将泛黄的历史书页展开到游人的眼前。来恒春，走过恒春古城，可以高居赤牛岭，体味历史原汁原味的"出火"表演……经

◎恒春南门

历一次内涵丰富的历史之旅,在历史暗红色的背影中,找寻这座古城的故事。

### 1. 恒春古城

恒春县城兴建于清朝光绪元年(1875年),光绪五年(1879年)竣工,迄今恒春城已经历了一百三十多年的岁月。恒春镇现存的东、西、南、北四座古城门是台湾地区唯一保留最完整的城门古迹,单凭这一点就值得到此一游。

历经天灾地变、战争洗礼、改朝换代或发展压力而物换星移,现实古城文物设施大都倾圮湮灭,而恒春四城门能有幸保存下来,不仅为历史作见证,也是最佳的现实乡土教材,因此恒春也成为屏东发展观光的文化重镇。

恒春古名"琅峤",范围为清季凤山县下林边以南的地区。当时"琅峤"既是地名,也是当地居民的族名,琅十八社就是指恒春地区当地居民部落。

荷兰人占据台湾时,恒春地区仍未受到教化,郑成功曾派兵登陆车城一

## 图文台湾
### 台湾南部垦丁探奇

◎东门上炮台的沧桑痕迹

◎恒春县城的三合土墙

带，剿讨土蕃。清朝因"林爽文事件"，将恒春列为禁垦地，不准汉人移居此处。一直到同治十三年（即1874年）受"牡丹社事件"冲击，清廷才开始重视海防，认识到台湾南端毫无防御，并为利开山抚蕃，才准许在此立县建城。

恒春城的建立直接导因于"牡丹社事件"。"牡丹社事件"的主要背景为当时中国与日本的关系。琉球王国原本在明朝时为中国的藩属国，但日本在江户幕府时期以武力迫使琉球王国向日本进贡，等于琉球王国需同时向中国（当时为清朝）与日本称臣进贡。日本明治政府建立后，一直想让琉球王国只向日本政府称臣进贡，进而并吞琉球，因此便等待机会下手。而在台湾方面，清朝虽然在1683年顺利地将台湾纳入帝国版图中，但是对于台湾的态度却一直犹疑不定，所以对于台湾的治理仅止于已经开发的区域，而对于尚未开发的区域则以划分界线的方式限制人民越界开垦，并且不纳入统治范围内，因此成为后来日本出兵的有利条件。1871年10月，一艘琉球宫古岛船在去那霸回航的海上遭遇台风，漂流至台湾南端，船上69名乘客溺死3人，有66人登陆。但后来他们闯入当地的高士佛社，因语言不通，54人惨遭当地居民杀害，逃过一劫的其余12人则在当地汉人营救下辗转往福州乘船归国。此后，日本就利用这一事件发起了占领恒春地区的战争。后来经过英国调停，清朝政府与日本签订了和约，赔偿军费和抚恤难民，才得以平息。

经过"牡丹社事件"之后，清廷才认清海疆防御的重要，于是派钦差大臣沈葆桢来台巡视。沈葆桢经过勘察之后，发觉恒春半岛全无设防，于是奏请清廷在恒春治县，构筑城池，一方面以防御外来侵袭，另一方面也可划定汉人与蕃民的活动范围，以利于屯垦抚蕃。于是，恒春城才开始正式兴建。

恒春城是台湾在清朝中末期城池的代表作，由现存四城门位置、残留城墙仍可揣摩当时的规模，以及探寻古城的面貌。恒春城周围长八百八十丈，墙基厚两丈，面墙高一丈六。依县城的规模与格局建造，分东西南北四座城门，各以所朝

◎恒春繁荣如昔的西门老街

◎恒春天后宫

的方向命名，其中南门又称"明都门"。各城门之间并有窝铺八间，城门上各有炮台四具。外皮墙垣上方的雉堞有一千三百八十四垛，砌砖叠石而成。城墙外环绕壕沟，濠宽三丈三尺，深六尺五寸，每一城门皆有濠桥对外连系，并驻守三四十位兵力。此标准的县部城池设计，气势雄伟非凡，防御相当坚固完备。

游览恒春城，一般游客可选由西门作为起点，作古城巡礼。从屏鹅公路左转入恒春镇中山路，走到底就可看见西门。西门一带商店民宅聚集，人员出入频繁，也因此躲过整修的命运，保留着原本的建材及质朴风貌。进入西门后就是旧市场，最地道的恒春小吃就在旧市场一带。此处是当年最繁华的老街，目前的长排二层砖造洋楼也是具有历史的民宅，保留着最丰富的生活

文化。

　　走过旧小区，就会看见建在猴洞山下的天后宫，里面供奉的是海上保护神——妈祖，为当时恒春营官兵所建。天后宫旁的一处军营外围尚可见倾毁砖石残迹。猴洞山是镇内小山丘，古有"恒春城龙脉"之称。此处有梅州诗人梁燕在壁上刻的恒春八景诗。

◎"恒春城龙脉"——猴洞山

◎恒春东门

◎恒春北门

　　沿着猴洞山走到底就是南门，目前的南门是交通圆环里的一座孤立城门，两边已无城墙相连，是四座城门中改变最大的。恒春半岛成了热门风景区之后，南门成为通往垦丁的交通要道，因此其城墙无可奈何地面临遭到拆除的命运，现在仅剩一座城门。

　　看过南门后，再转往汽车站方向，经过气象局恒春测站与镇公所，在通往满州的路边就可见到雄伟的东门。昔日东门是通往卑南的必经之道，登上城楼远眺，赤牛岭、龙銮潭名胜、镇内风光历历在目。东门的门匾上刻有"清光绪元年季秋月建"，可以见证奠基建城的年月。东门不但有城门，城楼还保留了一段城墙，一直延伸到三台山下的北门；只可惜整建时为了迁就道路而切断了城墙。至今在厚实的城墙外，还可在养鸭水塘觅得护城河残迹，颇具古意。

北门的城门是单层的歇山建筑，并附有轩亭，但今已不存在。恒春城建城之初以北门为正门，城门外五里处叫五里亭，现已作为机场用地，当年是为了迎接官吏抵达而建的官道。唯官道沿山而行，常遭生藩攻击，居民大都由五里亭直接通往西门入城。北门一带则为练兵之地。目前北门与西门尚兼负恒春的交通通道，小车以下的交通工具可通行。

◎赤牛岭魅力建筑

## 2. 赤牛岭

赤牛岭位于恒春镇的郊区，是恒春东门外的一块台地，属于隆起的珊瑚礁石灰岩地形。赤牛岭高283米，居高临下，在此地可以鸟瞰恒春纵谷平原，北至车城，

◎恒春出火奇观

南至鹅銮鼻，视野绝佳，是恒春八景之一："牛背躬耕归野径"，指的就是赤牛岭景色。现在仍是恒春人晨昏最喜爱健行的去处。

在赤牛岭山腰下，有一座百年古寺镇南宫创建于1878年，主要供奉的是关圣帝君（即关公）。据说关公曾经在赤牛岭显灵，化成一团红火，飞走于林间，当地居民于是建庙供奉，祈求平安。镇南宫有传统习俗，在每年农历一月十三日关帝爷诞辰当天，庙方都会准备平安粥，供信徒自行取用，"平安粥会"已发展为恒春镇一大盛事。

## 3. 恒春出火

在恒春古城东门外，公路左侧有一处用栅栏围成的地方，会不断冒出火花，到了晚上，俨然成为一场"火舞"。这种冒火的现象，即为"出火"，完全出自大自然的手笔。其实是此处地下天然气冒出地表，经过点火燃烧而产生的景观。

垦丁的出火奇观，记载已久，早在清朝年间的《恒春县志·山川篇》中就提及："出火在城东五里，三台山之左。""出火"这个地名也沿用一百多年，至今未改。古人记载："火徙无处，然相处不远，冬春有，夏季无。"也就是说，古代的出火可能只是小火，会受晴雨天影响，时有时无，尤其是在雨季，地层的裂隙被雨水阻塞，天然气上不来，就出不了火。然而，现今所见的出火，是台湾中油公司在垦丁钻探石油气所留下来的，孔隙较大，出火旺盛，虽也有春夏火之分，但终年不息。

传说，有道家术士认为，出火之处是位居台湾岛的火位，所出之火乃是"天火"，吃了用天火烤的东西，人就可以改运，所以现在随时都会有农民在此地烤蛋卖给游客，人称"改运蛋"。

## 4. 恒春的落山风

恒春地区不仅有大自然地下赐予的"出火"景观，更有大自然来自天上的"赏赐"——落山风。

落山风是恒春半岛的特殊自然天气现象，产生的原因是每年的10月至第二年的4月东北季风盛行期间，东北季风沿着中央山脉3000米的高山由北向南流动，愈往南山脉高度愈低，到了恒春半岛大武山区附近高度已降为1000米至400米以下，东北季风很容易翻山而过，再加上背风面的台湾西南部地区低层大气较暖，空气密度较小，气压较低，所以来自东部海面密度较大、较重、较冷的气流沿着山岭直泻而下，造成落山风。

这种落山风，温度比恒春西部海面的空气冷，因而会将海面上的空气挤压回来，这就形成了沿岸地区由海上到岸上的强海风，于是就产生了诸如屏鹅路上的"风吹沙"奇观，同时也造就了满州乡有名的港仔大沙漠，即冬天恒春半岛的落山强风把海里的沙吹到陆地堆积起来。

## 恒春半岛之门户——车城

车城地区处于四重溪的冲击平原之上，是中央山脉进入恒春纵谷的重要出口，因此该区是出入恒春半岛的门户，包括车城、四重溪以及石门三部分。车城地区自古即为农产品、山产品及林木的集散地。

### 1. 尖山

在恬静无华的车城地区，有一座三角锥形的小山丘，即为尖山，是进入恒春半岛的起点。又因其形状如斗笠，也称为"斗笠山"。

尖山是一个"独立岩块"，属于中央山脉，整座山是由玄武岩类的火山角砾岩所构成，经长年风化，外表已显露出红色的土壤。

### 2. 四重溪温泉

四重溪温泉位于屏东县车城乡温泉村四重溪畔，因依傍四重溪而得名，是南台湾著名的温泉区，日据时期与阳明山、北投、关仔岭并称为台湾四大温泉。

在四重溪温泉，可享受到"皇家级"的温泉体验，而且有许多温泉旅馆历史悠久，其中最著名的要数建于1920年左右的"清泉山庄"。四重溪温泉其源头来自虱目山麓的石缝中，四重溪的上游发源于内文山区，另一条上游支流牡丹溪则源自于东源山区；主流溪全长31.9公里，为一条清澈、婉约的溪流。水源丰沛终年不断，四重溪蜿蜒于群山峻岭间，景致秀丽，引人入胜。

四重溪属沉积岩区，此地方因为有天然温泉涌出，所以又称为"出汤"。四重溪温泉的泉质属碱性碳酸氢钠泉，水温随季节而变化，通常在摄氏50度至80度之间。含有多量碳酸钠，泉水清澈见底，可饮可浴，对促进血液循环、缓和肌肉僵硬和纾解压力有相当大的帮助。

◎ "牡丹社事件"发生地——石门战场

◎ "牡丹社事件"石门战场纪念碑

### 3. 石门古战场

石门古战场位于车城乡、四重溪东侧,是由海拔370米的虱目山以及海拔450米的五重溪山断崖夹峙而成。地势险要,俨如门户,因而得名。

清朝同治年间的"牡丹社事件",即发生于此。日据时期,日本人曾在虱目山竖立"忠魂碑"以纪念"牡丹社事件"中阵亡的日兵;而在台湾光复后,国民党政府将石碑上的字毁去,另改为"澄清海宇还我河山",以表彰山胞誓死不屈的伟大精神。

### 4. 旭海大草原

旭海大草原位于屏东县牡丹乡旭海村的东边,濒临太平洋,又称"中正大草原"。海拔300多米,面积达3平方公里,向东延伸至海岸,一望无际的翠绿草原连接天际,和蓝天互相呼应,因受海风的吹拂,这里终年绿草如茵。

早年的旭海大草原已被台湾军方列为管制区域,一般游客不易进入,近年来已逐步向一般民众开放。村子的东北方有一小草原,可俯瞰半圆形的牡丹湾,景色宜人。为了避开军方管制之困扰,免伤军民和气,兼顾不失一睹大草原的浩瀚壮阔景观，因应而生"旭海亲亲大草原"的风景区。

来到旭海大草原，依着碧绿草坡的是浩瀚的太平洋，波光粼粼，由至高处往下看，与海几近相连，天地蔚然开阔；草原中央有一天然水池，是牛羊饮水的地方，池畔草坡处处可见牛羊；尤其日出、日落时刻更是美得特别动人，可比美阿里山日出，甚至有过之而无不及，是个值得静心游赏的地方。

### 5. 旭海温泉

旭海温泉位于屏东县牡丹村旭海村的东侧，濒临太平洋。当地居民多属排湾人，以农牧业为主。整个旭海村看上去碧绿青翠，有浩瀚的太平洋及水量丰富的旭海温泉。

旭海温泉泉质属弱碱性碳酸泉，泉温约在摄氏43.5度。泉水自地下自然涌出，泉质很纯，水质清澈，无色无臭。这种泉水对慢性胃肠病、慢性消化性病、风湿症、关节炎等病症皆有保健疗效，为质量优良的温泉。

旭海温泉的设施只是一间好像澡堂的建筑，设有两间男女分开的公共浴室。此地温泉完全免费供旭海村民使用，村民们于每日傍晚时刻都会聚集到此；同时也是游客短暂旅途落脚的最佳休憩点。

### 6. 海洋生物博物馆

海洋生物博物馆位于屏东县车城乡，濒临海洋而建。该博物馆的设立是为了达到自然教育、经济、文化与休闲的目标。

博物馆内有丰富的水中生物展示，具体地展现了台湾的水域生态环境。展示内容分为两大主题，第一展示馆为仿自然生态的水族馆，呈现台湾地区特有的水域，称为"台湾水域馆"。以高山溪流区、河川中游区、水库区、河口区、潮间带区、南湾生态区及东部大洋区等主题展现，最为引人入胜的是高5米、长16米之观景窗，展现大海洋的宏伟。第二展示馆是以南中国海之珊瑚生态为主轴，以浅海至深海方式介绍各式珊瑚，即"珊瑚王国馆"。其中最特别的是长达84米的"海底隧道"区，在此处，游客可透过这不用潜水即可置身海底的隧道，欣赏到缤纷亮眼的珊瑚礁世界。

# 十 盛世活动与休闲娱乐

欣赏垦丁优美的景色之余，让我们去聆听垦丁风铃的声音，体验垦丁音乐节的盛况，欣赏鹰翔蓝天，感受民俗多姿，在垦丁的盛世活动与休闲娱乐中寻找一番与自然之境截然不同的意境与感触。

## "垦丁风铃季"

以风铃为主题筹办的节庆活动十分少见，在台湾更是首见，"垦丁风铃季"自2002年起开办，已成为台湾十二大地方节庆活动之首。

◎垦丁风铃季之风铃

## 十 盛世活动与休闲娱乐

四季如春的恒春地区,春季有黑鲔鱼观光文化季,夏季有国际民俗游戏博览会,秋季有半岛艺术季。可是一到每年10月到翌年三四月的六七个月间,屏东恒春半岛都会刮起落山风,农历春节前后的风更是愈吹愈强,通常是旅游的淡季。屏东县政府文化局在不断的思索之下,将强劲的落山风与风铃结合,"垦丁风铃季"应运而生。

当落山风吹拂之际,风铃叮当作响,好似召唤的铃声,欢迎我们来到温暖的恒春,享受风的洗礼。于落山风的季节到恒春半岛观光,在叮叮当当的风铃声中,体验恒春半岛丰富的人文与自然资源之美,别有一番滋味。

风铃象征着快乐、平安、祈福,为东方文明中非常重要的传统工艺。不同材质的风铃有不同的特色:竹风铃朴拙自然,有若风吹竹叶之声;铜风铃造型玲珑古典,有铮钹金石声;瓷风铃造型高雅,色泽柔和而音色清脆悦耳;玻璃风铃晶莹剔透,铃声清灵;还有铁风铃、贝壳风铃等。

古人将碎玉悬在一起,风儿吹起,碎玉相振,发出清脆悦耳的叮当声。根据唐代《开元天宝遗事》记载:"岐王宫中竹林中,悬碎玉片子,每夜闻碎玉子相触声,即知有风,号为占风铎。"而"占风铎"的用意是知风,这可能是"风铃"最早的起源。唐宋时将风铃用于居家建筑,寓其铃声"好韵"以招来"好运"。而原本只是用于居家装置摆饰的风铃,却扮演了复苏屏东观光产业的重要角色,唤醒了垦丁人的冬眠之梦。

垦丁风铃季为垦丁冬季的主题活动,为期三周,分为主题活动、配合活动、产业活动三大类,细致而微地以各种方式,展现风铃多元化的面貌。具体内容有世界风铃大展、风铃季SPA、万人挂风铃、风铃迷宫、风铃灯塔、风铃地景装置艺术展、落山风的歌声、恒春民谣ROCK&ROLL、风铃车大游行、风铃音乐舞蹈表演、风铃艺术家大赶集、风铃的想象世界征文比赛及配合相关风铃童玩、屏东农渔特产品等产业展售活动,其中万人挂风铃为活动中的最高潮。

风铃季的活动分别在车城、恒春、垦丁及鹅銮鼻等观光景点举行,遇到周休假日的时候,更推出许多创新的活动。在屏鹅公园往海生馆交界处、社顶公园、四重溪温泉区入口处,有大型风铃地景艺术作品。南湾有十座风铃灯塔装设比赛,举行点灯仪式,一直亮到元宵节。此外,还发动小区居民、游客以嘉年华方式,在各种车辆上缀装各种风铃,举行风铃车大游行。沿街商家挂上祈福风铃,以及风铃艺术家大赶集、风铃稻草人等一连串活动,让整个风铃季的活动高潮不断。

当垦丁的大街小巷,家家户户都挂上了风铃,随风发出一串串清脆的声响,好似上演着一幕垦丁落山风的传奇。

## 垦丁音乐节

在垦丁登场的音乐活动至少有八个,仅就举行地点而言,山上、海边、夜店包场应有尽有,而音乐的主题多以春天为主。每年垦丁都会以音乐来迎接春天的到来,垦丁已成为音乐界历年朝拜的圣地。

音乐节开幕时,音乐爱好者排山倒海地涌进大街小巷,被万人挤爆的会场,三天三夜灯火不熄……此种壮阔的人潮人海,点燃了垦丁音乐节的热潮。音乐节不仅有摇滚、嘻哈乐团歌手艺人们的现场表演,还会邀请国内外知名的电台音乐主持人和舞者等演出,节目内容丰富精彩。同时,在垦丁大街上会举行大型的嘉年华游街活动,以华丽的歌舞表演呈现垦丁多元化的风貌。

"春天呐喊音乐节",开始于1995年,至今已经举办十几年,成为当今南台湾历史最悠久的音乐盛典。

音乐节每年皆于4月春假期间的周末举办,来自台湾各地的乐团与音乐爱

◎垦丁音乐节

好者都以朝圣心情欢聚于垦丁，更有来自国外的乐团与观众慕名而来。音乐节带起垦丁人潮，同时也拉动了垦丁的商机，使之成为繁荣的度假胜地。

"春天呐喊"的主办者是旅居台中的美籍青年Jimi及Wade。他们热爱台湾和摇滚乐，组织了Dribdas乐团，平时在东海大学附近玩音乐。Dribdas首次在台北公开演出是在第一届台北破烂生活节。之后，Jimi和Wade决定在阳光灿烂的南台湾海滩上办一次户外音乐会。

1995年，他们选择了垦丁，开启了"春天呐喊"的第一幕。刚开始，他们并没有要办成大型活动的意思，只是想找几个玩摇滚乐团的台湾朋友，一起南下到垦丁度个假，玩玩音乐，观众也不要多，几十个就好。可是没想到这个消息一传十，十传百，踊跃报名的乐团有几十组，观众更多达三千多人。没想到当年一个小小念头，竟演成连办数年的摇滚音乐节。除了全台摇滚乐团，还有来自香港、日本、美国的乐团。

这个音乐节最难能可贵之处是，整个活动从头到尾完全是由爱好自由、不愿受拘束的摇滚乐迷自发办成，没有任何商业势力的介入。从活动规划、宣传到演唱、摄影，都是热情的青年义务帮忙。

早期两届还有翻唱乐团，但如今台上演唱的都是原创作品，若还演唱别人的歌曲，可是会引起满场的嘘声。除了现场演唱，会场四周如同游园会一般，设有许多小吃和极富嬉皮色彩的摊位，像卖自己演奏的CD、手工印制的T恤、蜡染衣服、艺术作品等等。

入夜之后，音乐最劲爆的乐团陆续上场，所有的观众都会挤到台前，随着台上的乐团一起疯狂地摇摆呐喊，迎接春天的到来。

## "琅𪨊赏鹰季"

每年秋冬时节，垦丁地区东北风初起，天气日凉，遍野白茅、菅芒等植物绽放花穗，点缀满山。此时的垦丁天空已充满秋的信息，燕群走了，但是天空来不及寂寞，一群群鹭鸶、红尾伯劳、鹟科、鹰鹫、隼科等冬季候鸟已纷纷翩翩来报到了。

◎ "起鹰"

位于台湾最南端的恒春半岛，是亚洲东部候鸟迁徙路线上的重要栖息站与度冬地，每年均有大量的候鸟过境或度冬。因此，每到了秋天，各式鹰鹫类猛禽就像是在举办嘉年华会，每年定时出现在恒春半岛的碧海蓝天之上，形成"鹰柱"、"鹰河"、"鹰海"，成为台湾地区最壮丽的自然生态景观。

每年9月至10月均举办的"琅峤赏鹰季"赏鸟系列活动已成为恒春半岛最具代表性的季节性活动之一。每一季活动内容不尽相同，主要包括台湾猛禽生态巡回展、恒春半岛猛禽摄影比赛、灰面鹫生态保育绘画比赛、赤腹鹰亲子生态营、亲子垦丁赏鹰列车、满州群鹰会等，活动中安排观看赤腹鹰出海、认识海漂植物、珊瑚礁地形、夜间观察等，让民众经由亲身的自然观察，体验大自然丰富的生命力，增进对生态环境的认识。

活动地点包含垦丁森林游乐区、青蛙石、社顶公园、琼麻展示馆、龙銮潭自然中心等，每一景点都有专人导览解说，内容丰富，绝对是一次满载而归的自然生态之旅。

## 恒春"抢孤"与"竖孤棚"

农历七月十五，是台湾民间最重要的节庆之一——"中元普渡"。而所谓"中元普渡"，除了要祭无祀的孤魂野鬼外，同时也会在中元节时祭拜祖先。此时，台湾各地都会举行非常盛大的普渡节庆活动，而其中属屏东县恒春镇的"抢孤"与"竖孤棚"活动最为独特。

所谓"抢孤"、"竖孤棚"活动，是在一座搭设很高的"孤棚"上，摆放供品，让民众抢夺，据说这样可以吓退留连忘返的鬼魂。活动中抢到祭品的人，或是最先爬到棚顶拔起红旗的人，未来一年都会非常幸运。

恒春地区的"抢孤"与"竖孤棚"活动最早可以追溯到清朝。当时清廷要到恒春建城，于是招募了一批没有家世的男丁到垦丁开垦。这些人沦落他乡，终老一生后，又没有后代祭拜他们，恒春人为了感念这些垦丁对恒春的奉献，于是就选在农历七月十五举行普渡。当时恒春镇内生活富裕的人，在农历七月十五中元普渡完毕之后，就会把祭品分送给住在城外的贫苦人家，但是后来有人因为抢东西而打架，甚至打出人命，于是他们就把祭品集中在棚架上，由城外部落组队争取，久而久之，就演变成现在大家看到的"抢孤"和"竖孤棚"活动。

目前台湾"抢孤"和"竖孤棚"民俗文化活动，最有名的两处胜地，是宜兰县的头城镇和屏东县的恒春镇。

## 水上活动

灿烂的阳光，碧蓝的海水，细白的沙滩，在垦丁热带风情的吸引之下，垦丁的水上活动叫人不爱也难！垦丁丰富的水上活动，每年都吸引许多游客蜂拥而至。来到垦丁，一定不要错过垦丁水上的乐趣。

漫步在垦丁沙滩之上，脚下的沙细致、柔软、炽热，垦丁的舒适让人从脚底暖到心底。垦丁的南湾、小湾、船帆石沙滩、白沙等区域的沙滩都是不错的戏水沙滩。

若是沙滩漫步让你觉得过于宁静舒适，那么冲浪就会把你带到另一种体验。冲浪是一项相当惊险刺激的活动，需要很高的

◎垦丁海滨的银色沙滩

# 图文台湾
## 台湾南部垦丁探奇

◎水上游艇穿梭

◎刺激的水上冲浪

◎有趣的潜水活动

技巧和平衡能力。乘风破浪于海天之际，实属一件不易之事。冲浪是要以浪为动力，因此要在有风浪的海边进行，大多数人会选择南湾、佳乐水一带。

　　如果冲浪过于讲求速度，而忽略了欣赏美丽的景致，那么悠闲而惬意地乘坐游艇，一边欣赏着垦丁的美丽风光，一边吹着海风，或许不失为一项"明智之举"。

　　垦丁的水上活动不仅仅局限于"水上"，潜水垦丁也是水上活动的一部分。垦丁海底的奇特景观，怎么能轻易错过呢？

　　一般而言，只有领有潜水执照的人才能租借潜水用具，不过有许多的潜水店家推出了"体验潜水"，经由简单的教学，让专业的教练以一对一的方式，进行简单的潜水初步课程说明，让尚未取得执照的人们，也可以体验遨游海底世界的新奇。

　　此外，还可以随着海风驾驭帆船，或是随着香蕉船在海面冲刺跳动……

# 结　　语

　　仿佛是加了五块糖的星期天，有点魅，有种美！这种美用来形容垦丁，也许是再合适不过了。

　　垦丁的美是一种期盼与等待之中成长起来的美，因为它来得迟，来得曲折，在几十年之中慢慢地成长，经历了"病痛"与"跌打"，一步一步地成长起来，在艰难成长同时，也见证着历史的风风雨雨。垦丁的美也是一种"天造地设"的美，上天赐予的是它良好的气候条件，地设的则是其婀娜多姿的地形，这样优越的地理条件，成为垦丁容纳自然界神奇物种的砝码。大自然选择了垦丁作为自己的宠儿，各具特色的植物、动物更是选择了这里作为自己的王国，使得这里的一切充满了天地的灵气，美得活灵活现，娇艳欲滴。垦丁的美更是丰腴的无可挑剔的美，这里除了有大自然的恩赐之美，更有人类创造之美，文化众相、人文景观与其说是一种点缀，更不如说是一种对美的有力补充。蔚蓝的海面，飘过人类创造的风帆，才更加的圆满，更加的充满诱惑与吸引力，垦丁的美就是自然与人类文化智慧的结合，美得圆满，美得无可挑剔！

　　生命终究难舍蓝蓝的白云天！来到台湾，走过垦丁，心里闪过的是洁白晶莹的金黄沙滩、激情澎湃的蔚蓝海岸、婀娜多姿的珊瑚礁地形、生机勃勃的动植物、源远流长的文化古迹……脑海里不断回味的是垦丁的魅力！垦丁的美是一种让人难以割舍的美，它的美不仅仅流淌在华美的书页中，也不仅仅闪烁在各色各样的媒体中，它的美是在台湾真实的时空中！所以，垦丁的美，有的时候只能亲身去经历，去触摸，去感受！垦丁的历史路程和现实风貌都平实而耐久，充满了思考，充满了诱惑！柔婉的鸟语，醉人的花香，精致的建筑，处处给人以感叹和慰藉！所以，来垦丁吧，让生命仅仅偎贴着碧海蓝天，让心灵放飞在花香鸟语！张开双臂，拥抱一切古往今来，拥抱宁静与喧闹，拥抱朴实与奢华……拥抱你和我！

## 参考文献与图片来源

[1] 陈建志. 恒春半岛生物图鉴. 台北远流出版事业股份有限公司，2000.

[2] 王鑫. 台湾的特殊地景——南台湾. 台北远足文化事业有限公司，2004.

[3] 杨秋霖. 台湾的国家森林游乐区. 台北远足文化事业有限公司，2004.

[4] 何传坤. 台湾的史前文化. 台北远足文化事业有限公司，2003.

[5] 李嘉鑫. 玉山的动物——哺乳类. 南投玉山国家公园出版社，1988.

[6] 经典杂志编著. 我们姓台湾——台湾特有种写真. 经典杂志出版，2003.

[7] 陈奇禄. 闽台地区第一古迹图集. 沈氏艺术印刷公司，1984.

[8] 陈孔立. 台湾历史纲要. 九州出版社，1996.

[9] 陈孔立. 清代台湾移民社会研究. 厦门大学出版社，1990.

[10] 张志远. 台湾的古城. 北京盛通印刷股份有限公司，2009.

[11] 户外生活图书股份有限公司制作群. 南台湾热门最佳去处. 户外生活图书股份有限公司，1995.

[12] 臧振华. 台湾考古. 裕华彩艺股份有限公司，1998.

[13] 光华书报杂志社编辑部. 有情山水无穷游. 裕台公司中华印刷厂出版，1975.

[14] 陈文山，周民雄，李可. 恒春半岛深度旅游. 台北远流出版事业股份有限公司，2000.

[15] 李光周. 垦丁史前住民与文化. 台北稻乡出版社，1996.

[16] 王奕期，吴汉恩，周志明，许淑芳，谢奇峰. 台湾的古迹——南古迹. 台北远足文化事业有限公司，2004.

[17] 台湾行政院文化建设委员会. 台闽地区古迹巡礼. 台湾行政院文化建设委员会，1985.

[18] http://tw.fqgl88.com/taiwan/html/?25.html.

[19] http://n.froghome.info/html/n06_05.htm.

[20] http://www.epetw.com/html/cwbk/pxbk/sl/20100621/6916.html.

[21] http://bbs.xmfish.com/read-htm-tid-2554093-fpage-3.html.

[22] http://www.twaqua.net/forum/printview.php?t=7857.

[23] http://www.thvs.tp.edu.tw/project99/25/1/d/d6/d6_11.html.

[24] http://ms1.asia.edu.tw/~s96452025/hw_view.html.

[25] http://www.nihaotw.com/xw/xwfl/tw/200903/t20090306_434435.htm.

[26] http://www.chinataiwan.org/hxlt/ztlt/lt1/hdtp/200905/t20090516_898227.htm.

[27] http://www.baodaoxing.cn/article/1348.html.

[28] http://www.eyetour.cn/Destination/Destination_53199.asp.

[29] http://www.dcplayer.com.tw/works_content.php?mid=14&albumid=685.

[30] http://www.dcplayer.com.tw/works_content.php?mid=14&alḥumid=685.

[31] http://www.awem.com.tw/12000005.htm.

[32] http://www.twueu.com/news/Look_5529.htm.

[33] http://163.22.41.3/diary/full.asp?did=96038&loginid=710169.

[34] http://tupian.hudong.com/a2_57_34_01300000400875124675346560050_jpg.html.

[35] http://www.gzepb.gov.cn/yhxw/200602/t20060215_9433.htm.

[36] http://www.kitchens.com.tw/travel/print_travel.aspx?scenic_spots_id=1427.

[37] http://www.mulanweichang.com/bbs/viewthread.php?tid=6021&page=1.

[38] http://i.mtime.com/shuan/blog/3908541/.

[39] http://big5.huaxia.com/tw/jjtw/2006/00417968.html.

**声明：** 根据《中华人民共和国著作权法》的规定，本社向本书所刊图片的作者付酬，凡因条件限制未能及时取得联系的作者，敬请与本社联系。